artdigilandbooks **saggi**

L'IMMAGINE COLORE
Le fer à cheval, un film Pathé

a cura di Marcello Seregni

artdigiland.com

Artdigiland Ltd
Founder and Director: Silvia Tarquini
23, Griffith Downs - The Crescent
Drumcondra
Dublin D9
Rep. of Ireland
www.artdigiland.com
info@artdigiland.com

L'IMMAGINE COLORE
Le fer à cheval, **un film Pathé**

a cura di Marcello Seregni
Pubblicato con il sostegno scientifico dell'Association française de recherche sur l'histoire du cinéma

editing e redazione: Anna Castagna

grafica e impaginazione: Ruben Vuaran

Le immagini della sceneggiatura originale (pp. 8, 18, 19) sono state gentilmente concesse dal CNC.
Le immagini alle pp. 33, 41, 63 e 75 illustrano le condizioni della pellicola prima del restauro; si ringrazia per la gentile concessione il laboratorio L'Immagine Ritrovata di Bologna.

in copertina: fotogramma da *Le fer à cheval* (1909)

© 2016 Artdigiland
one frame one spirit one stream

Questo volume è dedicato alle centinaia di operaie della Pathé che in silenzio e rimanendo nell'ombra, con dedizione e suprema bravura, hanno reso possibile la colorazione di tanti capolavori

COLORIS — 2ème SERIE

FEERIES ET CONTES

Code télé.	N°.	Titre du sujet	Long.	Prix
Imputer	3002	LE FER A CHEVAL		

Dans un vieux château solitaire, la princesse Alliette, nonchalamment étendue dans un fauteuil, poursuit un rêve évocateur de la vie brillante dont elle poursuit la chimère par l'affranchissement du mariage. Mais qui viendra la chercher dans sa vie solitaire?

D'un autre château, des chasseurs, cavaliers et amazones, partent pour le rendez-vous. Seul, le prince Charmant de Monplaisir, dont le cheval est déferré, abandonne les chasseurs et revient à pied à travers bois, avec Flamberge, sa monture, lorsqu'une brusque agression le terrifie: des brigands l'entourent et l'entraînent dans leur repaire.

Mais l'Amour, qui veille sur la destinée de la princesse Alliette et du prince Charmant, verse dans le breuvage des bandits un philtre qui les endort et permet à Charmant de s'enfuir.

Et l'Amour donne à la princesse le fer à cheval de Flamberge en lui déclarant, par ce fer, que dans quinze jours elle serait mariée.

Surprise et ravie, Alliette attend impatiemment le prince rêvé. Mais les jours s'écoulent sans amener le moindre changement dans la vie de la princesse et le quatorzième jour, dans un mouvement de dépit, elle jette rageusement par la fenêtre le fer à cheval qui l'a déçu.. Un cri de douleur répond à son geste de colère.... Alliette se précipite vers la fenêtre et aperçoit, étendu dans l'herbe, un homme au front couvert de sang. Effrayée, elle accourt, tremblante, vers le blessé, qui n'est autre que le prince Charmant et lui offre l'hospitalité au château.

Et la princesse Alliette, en soignant elle-même sa victime, a le bonheur de voir se réaliser les prédictions de l'Amour.

Sommario

11   Premessa *di Giulia Barini*

15   Introduzione *di Marcello Seregni*

21   Pathé années 1910: nouvelles stratégies *di Stéphanie Salmon*

27   The restoration of films *di Rossella Catanese*

35   La veduta colorata. Colore e attrazione nel cinema delle origini *di Federico Pierotti*

43   Appunti sulla riproducibilità del colore nei film delle origini *di Claudio Santancini*

47   Auteur, réalisateur, producteur, journaliste, polémiste, syndicaliste… Les vies de Camille De Morlhon *di Eric Le Roy*

65   Il restauro di *Le fer à cheval di Giandomenico Zeppa*

69   1909: *Le fer à cheval* e non solo *di Alice Rispoli*

77   Camille De Morlhon tra danza, commedia e pantomima *di Elisa Uffreduzzi*

83   Biografie autori

87   Ringraziamenti

89   *Le fer à cheval* - una visione / a vision / une vision

91   Tavole fotografiche

PREMESSA

Giulia Barini

Il caso aiuta solo le menti già pronte
Louis Pasteur

La storia che ha segnato l'incontro tra l'Associazione Culturale Hommelette e *Le fer à cheval* comincia da eBay. Un caso fortuito: una pellicola abbandonata in una scatola di alluminio arrugginita e che, dalle foto pubblicate sul sito, appariva antica, danneggiata. Era inevitabile destasse la curiosità di alcuni appassionati.

Una volta avuto il materiale tra le mani, la prima cosa che è stata notata dallo staff di Hommelette, era il pessimo stato di conservazione della pellicola e il fortissimo odore di nitrato. Si è quindi deciso di metterla in sicurezza e di approfondirne un'analisi che ha portato a scoprire che quel film colliquato e degradato era, appunto, *Le fer à cheval* (1909) di Camille de Morlhon.

De Morlhon nacque a Parigi nel 1869 da una ricca famiglia aristocratica, e nel 1907 cominciò a lavorare per la Pathé Frères grazie alla quale ebbe l'opportunità di girare più di 140 film.

Camille de Morlhon a longtemps été une véritable énigme pour les historiens du cinéma. Régulièrement cité en tant que pionnier, son oeuvre et sa personnalité n'ont jamais fait l'objet de recherches approfondies. Il est pourtant indiscutablement l'une des figures les plus marquantes du cinéma françaid de 1910 à 1940.[1]

Le fer à cheval fu prodotto in Francia nel 1909 dalla Pathé, ma la pellicola raggiunse anche gli Stati Uniti, dove venne distribuito l'anno seguente con il titolo *"The Horseshoe"*[2].
Già alla fine dell'Ottocento la Pathé si era espansa oltreoceano dove vendeva le sue attrezzature e aprì uno stabilimento nel New Jersey. Pare inoltre che nel 1896 Mitchell Mark, fondatore del Vitascope Theater di Buffalo, fosse il primo americano ad importare film Pathé per proiettarli nel suo teatro.

Ma torniamo alla nostra pellicola: dalle ricerche condotte finora, risulta come *Le fer à cheval* sia uno dei tanti film che si credeva fossero andati perduti e senza copie superstiti.

Data la vastità e la complessità della filmografia di de Morlhon la (ri)scoperta di un frammento così importante della sua produzione appare fondamentale all'Associazione per i metodi di colorazione, le tecniche di messa in scena dei suoi cortometraggi e lo stile del regista, di cui era anche sceneggiatore, e con cui collaborò in alcuni titoli anche Abel Gance.

Hommelette, che si occupa del recupero e della valorizzazione di beni nell'ambito dell'audiovisivo, ha deciso così di sviluppare un ampio progetto di salvaguardia e diffusione di *Le fer à cheval*. In collaborazione con la Fondation Jérôme Seydoux Pathé[3], si sviluppa l'idea di procedere a un restauro conservativo del film. I 125 metri di film nitrato con colorazione Pathécolor, sono stati così lavorati nel laboratorio L'Immagine Ritrovata di Bologna, dove il film è stato, prima, trattato chimicamente per poterne distaccare le spire incollate, riparato e successivamente digitalizzato in 2k e sottoposto a restauro digitale e color correction. Infine, si è ottenuto un internegativo 35mm, una copia positiva 35mm da proiezione e una copia digitale 2k.

Il restauro del film di De Morlhon è presentato in anteprima mondiale alla XXX edizione del festival Il Cinema Ritrovato di Bologna: e questo rappresenta un primo passo importante per una sua riscoperta.

La valorizzazione di quest'opera intende passare, poi, proprio per questa pubblicazione prodotta dalla casa editrice Artdigiland e curata dell'Associazione Hommelette.

Il volume contiene saggi che vanno dall'analisi della cinematografia francese a partire dal 1909 - anno di uscita di *Le fer à cheval* - alle lavorazioni effettuate, all'analisi dei film regista, fino al processo di restauro. Oltre ai *case studies*, all'interno del volume troviamo una documentazione fotografica delle parti più danneggiate del film, e del risultato finale ottenuto mediante gli interventi praticati sul supporto.

Il cinema di Camille de Morlhon, e il ritrovamento di *Le fer à cheval*, sono tasselli non trascurabili per ricostruire una parte della cinematografia francese e della filmografia della casa di produzione Pathé. Come spesso avviene è stata la casualità ad aiutare la preservazione di beni creduti persi perché, «*arte della modernità per eccellenza, il cinema, fin dalle origini, ci si è sempre preoccupato più della diffusione che della propria conservazione*»[4]. Una volta proiettate, molte pellicole venivano dimenticate: ogni ritrovamento, anche di un solo fotogramma, può aiutarci a riscrivere una storia creduta perduta.

Note

1 Eric Le Roy, *Camille de Morlhon, homme de cinéma* (1869-1952), Editions L'Harmattan, Paris, 1997, p. 9.
2 Philippe Rège, *Encyclopedia of French film directors Vol. 1*, Scarecrow Press, Plymouth, 2009, p. 750.
3 Un ringraziamento speciale va ad Agnès Bertola.
4 Sergio Toffetti, *Restaurare il cinema: tra museo e mercato*, saggio contenuto ne *La memoria del cinema, restauri, preservazioni e ristampe della Cineteca Nazionale 1998-2001*, A.A.V.V., Marchesi Grafiche Editoriali, Roma, 2001, p. 18.

INTRODUZIONE

Marcello Seregni

Negli studi sul cinema, spesso ci si è interrogati sulla fragilità, sull'evanescenza non solo dell'immagine filmica prodotta dal fascio luminoso della proiezione ma anche del corrispondente fisico e materico, la matrice da cui tutto prende forma. La pellicola cinematografica continua a mantenere una sua aura di mistero, pur essendo, paradossalmente, la parte più concreta del cinema. Non possiamo certo avere la pretesa di toccare la tenda della doccia di *Psycho*, ma possiamo spingerci a toccare, guardare, indagare quel fotogramma che ne registra e ne ripropone l'immagine. Eppure per gli studiosi rimane ancora forte una distanza nobile, misto di timore e riluttanza, nell'approccio a questa materia così ingombrante nella storia dell'arte cinematografica. Non è stato sicuramente un rapporto facile. I collezionisti, gli archivi cinematografici, i possessori di uno o più materiale filmico hanno vissuto spesso con gelosia e negazione il rapporto con il loro oggetto del desiderio, padri padroni di un pezzo di storia considerata unica. Ed anche se così non fosse stato, rimaneva comunque difficile aprire le proprie stanze a chi di cinema si occupava, allungando notevolmente i tempi dell'incontro tra il teorico, lo storico, lo studioso con l'oggetto dei desideri. Oggi lo sappiamo i tempi sono cambiati, ma non poi così tanto ed altri problemi si intravedono all'orizzonte. La rete consente visioni ed esplorazioni maggiori, gli archivi si aprono – spesso grazie a bandi che incentivano la digitalizzazione dei materiali –, le occasioni di incontro si moltiplicano in festival, convegni, assemblee. Eppure oggi che abbiamo così tanto da vedere e con così estrema facilità, abbiamo in qualche modo perso la capacità d'indagine, sopraffatti da una continua esposizione alle immagini in movimento. Nella complessità dell'oggi la vera difficoltà è valorizzare e creare attenzione intorno ad alcuni autori e alle loro opere, probabilmente secondari ma certamente necessari per la conoscenza dello sviluppo estetico e storico della cinematografia. Ogni riscoperta rappresenta dunque un tassello su cui lavorare e ancora di più se alla riscoperta si aggiunge un ritrovamento, va da sé l'importanza intrinseca all'atto della sua valorizzazione.

Per questo motivo *Le fer à cheval* di Camille de Morlhon ci è apparso subito, oltre che per la sua bellezza evidente, tanto importante quanto pericoloso. Il ritrovamento fortuito del film, di cui Giulia Barini accenna nella premessa a questo volume, si collega idealmente alla fragilità del cinema di cui sopra, per cui il passo tra la scomparsa definitiva e la salvezza eterna è molto labile. Qualcuno parlando di film perduti ha accennato a una sorta di "avventura e incantesimo" che si rinnova continuamente, una ricerca senza sosta nelle radici del cinema.

Un'avventura e un incantesimo che hanno portato a realizzare questa pubblicazione per valorizzare il più possibile *Le fer à cheval* e operare un discorso sul cinema muto e la riproposizione odierna delle sue opere.

Questo volume si divide in tre parti. La prima parte è dedicata ad alcuni aspetti storici e teorici che si legano al cinema del primo decennio del novecento. Stéphanie Salmon delinea nel suo saggio gli aspetti produttivi e le nuove strategie che la casa Pathé intraprende dall'inizio del 1910, indicando così quelle differenze politiche ed industriali con gli anni precedenti e dunque anche per quanto riguarda il periodo di realizzazione di *Le fer à cheval* si assiste al passaggio da un processo più o meno artigianale ad una vera e propria industrializzazione del settore.

Rossella Catanese, nel suo saggio intitolato *The restoration of films*, applica una riflessione attorno al concetto di restauro cinematografico: non solo gesto pratico e fisico ma anche reinterpretazione dell'oggetto filmico, secondo pratiche filologiche di ricerca che si confrontano con l'odierna tecnologia digitale e la manipolazione delle immagini.

Il colore nel cinema delle origini è invece al centro del testo di Federico Pierotti. Un'ampia panoramica che affronta non solo le diverse tecniche di colorazione, ma anche i rimandi estetici delle scelte applicate, affrontando dinamiche complesse in parte derivate da abitudini fotografiche ottocentesche, riattualizzate per il cinematografo.

Claudio Santancini nel suo saggio espone una riflessione intorno alla riproposizione digitale del colore nel cinema delle origini. L'emulazione digitale di alcune note tecniche dell'epoca e i metodi odierni per la riproduzione fotochimica sono solo alcune delle tematiche affrontate per segnalare ancora una volta come il risultato finale sia solo l'ipotesi interpretativa con cui dobbiamo fare i conti.

La seconda parte del volume è dedicata ai *case studies* di *Le fer à cheval*. Eric Le Roy ci presenta la figura di Camille de Morlhon, "personnage incontournable du cinéma français", realizzatore di più di 120 film tra il 1908 e il 1912. L'approfondimento sulla vita e sulla produzione dell'autore francese sono indispensabili per comprendere appieno il contesto di realizzazione di *Le fer à cheval* e la sua continuità con il resto della produzione del regista.

Giandomenico Zeppa attualizza il discorso intorno al film descrivendone la lavorazione del restauro avvenuto presso il laboratorio L'Immagine Ritrovata di Bologna, ponendo l'accento sulla colorazione del film e sui problemi di resa nella color correction e nel *grading* in digitale.

Alice Rispoli ci introduce ad alcuni passaggi fondamentali avvenuti nella Pathé nel 1909 e propone un'analisi di *Le fer à cheval* per quadri, che ne esalta gli aspetti meno preponderanti, ponendo l'interesse sull'utilizzo dei campi lunghi e dei movimenti di macchina interni al film.

Camille de Morlhon tra danza, commedia e pantomima è lo studio di Elisa Uffreduzzi su alcune figure tipiche del cinema di de Morlhon: la danza per esempio appare una scelta dal chiaro significato non solo estetico, ma anche teorico. L'incrocio tra le due arti, il cinema e la danza, viene così posto come una delle chiavi di lettura del cinema di de Morlhon e così anche di *Le fer à cheval*.

La terza parte del volume è un'ampia galleria iconografica con i fotogrammi a colori della versione restaurata di *Le fer à cheval*. Un tour inaspettato e imprevedibile fra i colori del cinema muto, quadri di sensazionale ampiezza visiva dove la favola, per un attimo, sembra diventare reale.

COLONIE

TRENKING ET GONTAR

Code 1616.   N°.   Titre du sujet

Imputer   LE FER A CHEVAL.
                    5002

Dans un vieux château solitaire, la princesse
Jamsant étendue dans un fauteuil, poursuit un rêve
brillante donc elle poursuit la chimère par l'apparition. Mais qui viendra la chercher dans sa vi-
D'un autre château, des chasseurs, cavaliers
pour le rendez-vous. Peut, le prince Charmant de
est déterré abandonne les chasseurs et revient a-
vec flamberge, sa monture. Lorsqu'une bague au
des brigands l'encourant et l'entraînant dans le
Mais l'amour, qui veille sur la destinée
et du prince Charmant, verse dans le breuvage des
qui les endort et portent à Charmant de s'emparer
Et l'Amour donne à la princesse le fer à
en lui déclarant, par ce fer, une danse quinze jours
Surprise et ravie, Alliette attend impati-
Le princesse et le quatorzième jour, dans un mo-
ments regardant par la fenêtre le fer à cheval
au cotour, répond à son geste de colère.... Allie
-rêtre et aperçoit, étendu sans l'herbe, un homme
--. Effrayée, elle accourt, tremblante, vers le bl
Charmant et lui offre l'hospitalité au château.
Et la princesse Alliette, en soignant elle-même sa victim
à le bonheur de voir se réaliser les prédictions de l'Amour,

PATHÉ ANNÉES 1910 : NOUVELLES STRATÉGIES

Stéphanie Salmon

Les années 1910 correspondent à un nouveau cycle de croissance pour Pathé et à un renouvellement de sa politique industrielle et commerciale. Leader sur le marché mondial, la société est implantée principalement en Europe et aux Etats-Unis. Elle a connu un pic de croissance de ses bénéfices en 1907 avant de subir, à partir du second semestre 1908, la crise des marchés mondiaux. Celle-ci a impacté différents secteurs de l'industrie américaine et européenne – et donc nombre de marchés étrangers de Pathé. Concernant le marché français, Pathé a surtout constaté le manque de rentabilité de son activité de location de copies. Dans l'ensemble, les affaires reprennent progressivement en 1910, bien que les bénéfices soient en baisse de 1908 à 1912[1]. En comparaison du phonographe, la branche cinématographique donne maintenant la presque totalité des bénéfices.

La fabrication de la pellicule

En 1910, Pathé reste l'une des seules sociétés cinématographiques françaises à distribuer des dividendes, ce qui ne lui serait plus possible si elle avait continué d'assurer, comme ses concurrentes, les activités traditionnelles (tournage de scènes, vente et location de copies). Depuis un an en effet, la société a développé ses activités autour de la fabrication de la pellicule. Cette stratégie d'industrialisation qui prend en compte des paramètres comme la recherche, les capacités techniques et la relation avec Eastman désigne dans un premier temps l'émulsionnage et le rémulsionnage du support (dans ce cas, le support pellicule est dépouillé de sa gélatine et une nouvelle émulsion est couchée pour impressionner une nouvelle copie).

La mise en place de ces fabrications fait suite aux recherches engagées sur le support à partir de 1907[2]. Elle est concomitante de l'ultimatum de Georges Eastman qui, en 1908, tente d'imposer sa pellicule ininflammable à Pathé et, à ce titre, elle préfigure des tensions entre deux industriels aux métiers jusqu'ici différents. Pour George Eastman, le but de Pathé est de contrôler entièrement son marché de la location, instauré en France en 1907 . La Compagnie aussi réagit au diktat imposé par son fournisseur, à la crise du marché, et elle trouve un remède aux fortes dépenses de pellicules des années 1905-1907.

En septembre 1909, en France, la moitié des copies Pathé (30 000 mètres par jour) sont impressionnées sur une pellicule rémulsionnée. Le total des fabrications émulsionnées et rémulsionnées atteint 42 000 mètres par mois. Emulsionnage et rémulsionnage ne sont toutefois que des phases de transition car en 1910 la Compagnie s'engage vers la fabrication du support, en particulier celui d'une pellicule ininflammable. Cette période entraîne la mise à disposition de capitaux énormes pour la construction d'une nouvelle usine. Les installations profitent des deux dernières augmentations de capital, qui passe de 5 à 30 millions de francs entre 1911 et 1912.

En avril 1910, Charles Pathé développe un projet avec le prince von Donnersmark, titulaire des brevets d'acétate de cellulose, pour une cession de licence. Cette matière est utilisée à partir de mai à l'usine de tirage de Joinville-le-Pont. La société cherche à se positionner au plus vite pour déposer ses propres brevets, mais, l'activité est encore mineure et si le problème de la pellicule positive semble à peu près résolu, Pathé éprouve des difficultés à mettre au point un film négatif vierge.

A la fin du premier semestre 1910, la Compagnie dispose d'environ un an pour mettre au point son procédé de fabrication, car elle est assurée pendant ce délai des livraisons du fabricant Guiterman avec qui elle vient de signer un contrat. Au-delà, elle vise l'autonomie (dans l'inventaire du 28 février 1913, il ne sera plus question de "*film Guiterman*" à l'usine des Vignerons de Vincennes, alors que c'était encore le cas un an auparavant). Joinville est équipée au premier semestre 1911 d'une roue à émulsionner de trois mètres de diamètre et d'un atelier pour la fabrication du collodion. A ses débuts, la production est de 12 000 mètres avec une seule (environ 288 000 mètres mensuels). Pour obtenir 100 000 mètres par jour, Charles Pathé envisage l'installation de cinq autres roues, projet réalisé en décembre 1912. Il cherche à fabriquer l'ensemble de la pellicule nécessaire à sa production et à l'édition des copies. Les besoins s'affirment au fil des mois avec le développement du Pathé-Journal et le lancement de la location à l'étranger. En outre, certains marchés sont fournis uniquement avec du film ininflammable (par exemple, lancés à partir de 1912, le projeteur et de la caméra amateurs Kok requièrent l'utilisation de pellicule sur support acétate). Au second semestre de l'exercice 1911-1912, le chiffre d'affaires est bien supérieur à celui des mêmes mois de l'exercice précédents (+ 5 500 295 F / +19.63%) : la fabrication de la pellicule ininflammable participe à la croissance. La fabrication acétate, au lieu de se suppléer à une autre, s'ajoute aux capacités et permettrait de favoriser un des marchés, peut-être celui de la location.

La location et la production des films

Au début des années 1910, Pathé renforce sa présence dans un contexte difficile. Son système de location défaillant, elle centralise progressivement l'activité en 1910 en absorbant plusieurs sociétés concessionnaires jusqu'ici chargée de son développement. En septembre 1910, la perte est chiffrée depuis le début de l'année à environ 50 100 F. La Compagnie opère une décélération volontaire de l'activité (le chiffre d'affaires perd 44% entre les exercices 1910-1911 et 1911-1912) avant que la location n'apporte pour la première fois des bénéfices en décembre 1911 (91 765,35 F).

Pathé agit dans un secteur où, après une période de toute puissance, la concurrence est plus menaçante. Gaumont à Paris et la Vitagraph à Chicago ont depuis 1905 des théâtres efficients. Une scène n'est plus seulement un titre au catalogue, elle doit être un produit que l'exploitant va distinguer pour attirer la clientèle dans son établissement et Pathé réagit en proposant un catalogue toujours plus large et spécialisé. Un des axes consiste notamment à produire des séries de films comiques, portées par un acteur qui incarne le personnage principal. Surgissent sur les écrans des figures immédiatement reconnaissables par le public : Rigadin, Nick Winter, Max, Rosalie, Léontine, Jobard, etc. Pathé adopte également des paramètres proches du théâtre en s'alliant au Film d'art (1908-1909) et à la SCAGL (à partir de 1908) qui signent avec des auteurs et emploient des comédiens célèbres issus du théâtre parisien. La stratégie favorise l'émergence du rôle des auteurs, d'abord le scénariste puis, vers 1912, celui du metteur en scène. A partir de 1910, Pathé aménage également son catalogue pour répondre à différents paramètres culturels. Des théâtres de prises de vue sont ouverts à l'étranger, le premier étant celui du Film d'Arte Italiana (1909), dont l'activité est soutenue par les banques. Aux Etats-Unis, en réaction à la baisse du chiffre d'affaires amorcée depuis 1909, et pour cibler d'avantage le marché américain, Pathé ouvre deux studios en 1910 : l'un à Fort Lee dans le New Jersey, l'autre à Edendale dans la banlieue de Los Angeles. Ce dernier est dirigé par James Young Deer qui tourne des centaines de westerns jusqu'en 1914, dont la plupart sont édités sur le marché américain uniquement sous la marque Amerikan Kinema. En 1911 et en 1912, la Compagnie édite les bandes des Pathé-Journaux étrangers, de Barcelone, Berlin, Londres, Melbourne, Milan, Moscou, New York et Vienne. Elle développe avec ces unités le système de rémunération par redevance, selon le nombre de copies éditées, et elle se décharge de la production de nombre de films (cependant, elle initie la production en interne de films scientifiques et des actualités). Le système des redevances est appliqué à l'intérieur du groupe comme aux sociétés de production clientes. En 1911, des redevances sont versées depuis la France à Pathé frères New York et, en 1912-1913, Belge-Cinéma, à la SCAGL, Charles Petit Demange (Prince-Rigadin), il Film d'Arte Italiana, Hepworth and Company (marque Hepwix), Biograph Theater (marque British Biographe), Thanhouser et Georges Méliès[3]. C'est aussi le cas des films Valetta. Les versements mesurent le succès des bandes. Les Rigadin rapportent entre 12 000 et 32 000 F par mois entre mars et juin 1913, tandis que pour les même mois, les films de Georges Méliès amènent entre 192 et 891 F.

Les redevances sont mises en place suite à l'augmentation des dépenses de tournage. Dès août 1910, les administrateurs constatent que les dépenses pour la fabrication des négatifs augmentent considérablement et *«Mr L'administrateur-délégué fait remarquer que notre directeur à l'intention de supprimer presque totalement ces dépenses à partir du mois d'octobre»*[4].

Dans le cas notamment des reconstitutions historiques, l'attention aux détails, aux costumes, aux décors (reconstruits ou naturels, car ceux-ci signifient déplacer les équipes) est un gage de qualité face à la concurrence. Mais l'accroissement du nombre de producteurs dans le catalogue ne résout pas le problème. Les redevances dues aux auteurs, principalement ceux de la SCAGL restent une des causes de l'augmentation des dépenses. Si le premier contrat prévoyait le versement de 0,025 F par mètre édité, les prétentions croissent. Pour obtenir les scénarios, Pathé doit bientôt engager le paiement de primes supplémentaires: la SCAGL favorise la concurrence par la surenchère. La cherté des films est désormais un fait établi.

Les deux principaux axes de développement au début des années 1910 engagent donc le groupe Pathé dans des voies novatrices. En intégrant une nouvelle activité, celle de la fabrication de la pellicule, et en diversifiant son catalogue pour pouvoir moduler son offre en fonction des marchés, la Compagnie définit une politique bien plus inédites que celle de la production et du commerce de films engagée à grande échelle depuis 1902-1904. C'est à la charnière de cette décennie que Pathé devient véritablement une industrie intégrale, réaffirmant sa position de première société cinématographique du monde – position de plus en plus fragile il est vrai à l'approche de la guerre. En qualité de multinationale, et très probablement de principale multinationale française pour l'importation de produits manufacturés et en 1913, elle se classe désormais la quinzième des cinquante premières sociétés françaises[5].

Notes

1 Les bénéfices sont de 8 512 660 F en 1908, 6 050 947 F en 1912 puis 7 320 304 F en 1913.
2 Lettre de G. Eastman à Wm. S. Gifford de Londres, 20 février 1911; correspondance George Eastman, archives George Eastman House.
3 Henri Bousquet, dans la préface de son catalogue 1912-1914 note que 26 nouvelles marques apparaissent en 1912, pour la plupart de manière éphémère.
4 P.v. du Ca de la Compagnie, 9 août 1910, Livre II, p. 119.
5 Bruce Kogut, *Evolution of the Large Firm in France in Comparative Perspective*, in *Entreprise et Histoire n°19*, 1998.

THE RESTORATION OF FILMS

Rossella Catanese

Since the early days of film history, the commercial value of cinema has been considered as more important than its cultural relevance. In recent years however, the academic, ethical and institutional emphasis on film as a cultural element has increased dramatically. Cinema, as the art and historical archive of the twentieth century, has gained higher institutional legitimacy since the UNESCO conference[1] recognised the status of films as artworks, and demanded proper conservation and preservation practices.

In reality, films deserve proper preservation and require specific preservation and restoration practices, just the same as artworks such as paintings, frescos, statues or buildings that need constant care and reasonable restoration policies. The need to conserve, preserve and restore films is due to a history of material destruction[2] because of their structurally fragile chemical nature , and deliberate removal due to changing tastes and values in different eras.

Every restoration is a dialogue with the past, be it distant or recent, and becomes a comparison between two different eras. Obviously an artwork from the past belongs to an age and a society that differ from the current user/audience, so the meanings, impact and other cultural elements that developed around the work cannot be restored.

Basically, restoration is an operation that mainly focuses on the formal and physical setting of the work of art, which includes hermeneutic activities that allow restorers to approach the original identity of the artwork as much as possible. In practice, while reactivating the work and examining any gaps, the restorers' perspective must be open to further interpretations.

The importance of historical perspective must be emphasised, which identifies the film as historical-artistic heritage and restoration as a safeguard measure. Within this perspective, restoration includes two main features. Firstly, it concerns the set of technical operations designed to recover a level of quality that may be sufficient for the image, by ensuring light contrast and chromatic composition, and removing the marks and scratches that films have acquired over time. Secondly, there is the work to reconstruct the films, which have often been kept in shortened,, cut or incomplete versions. It is an activity that aims to recover the original full version of films and is often related to a rich textual complexity. It is work which is both practical and interpretative, because not only does it require finding the missing elements of incomplete copies, it also requires the interpretation of the films, by inserting segments which have been found into the correct place according to standard practice at the time of production.

The main disciplines of film restoration include art restoration, according to the modern view of Cesare Brandi, and textual criticism, the science of text authentication. In 1963 Cesare Brandi published *Teoria del Restauro*, a landmark theoretical essay on art restoration. His methodology differs from imitative integration (also called 'mimetic restoration') because it enables restored sections to be distinguished from original sections. The idea of recognisability is part of a principle of legitimacy and reversibility - the original must be kept and it cannot be replaced. It is the only way to ensure that the original's authorship and its aesthetic formal entity are respected. The historical accuracy required by restoration is related to recognising a specific cultural time in history, related to how the work of art (or film) is received, instead of it being perceived as a mere document there for the interrupted and mutilated process of artistic creation to be taken at will.

Brandi's theory gave rise to a 'hatching' technique (tratteggio), a specific method for repainting missing or damaged sections of artworks, in a balance between appreciating and researching the original quality of the work of art. The first principle of Brandi's theory states that only the material form of the work of art should be restored. With the expression 'material form' we mean not only the physical structure of the artwork, but also the time and place of the restoration [Brandi 1963: 36]. The work of the restorer also enjoys double historicity, the historical reference of the creative act and that of the time and place where it is set.

The second principle of restoration, according to Brandi, is the concept of unity of the work of art - it must be considered as a whole and not as a total made up of parts. If the artwork has been destroyed physically, the search for its potential unity must be carried out on every fragment, in order to develop its coherence. Integration is used to fill the gaps in the artwork (interruptions in visual texture) and it must be reversible i.e. guarantee the possibility of further intervention.

Restoration has to be a process of interpretation, deep-rooted in practice. It must pursue philological research to explore proper methods of understanding the original characteristic features of the work. This is universally valid both for artistic and film restoration. With film restoration especially we still have to remember that the audiovisual support is radically different from the artistic *unicum*. Therefore even the idea of what the original is can change, either by looking at a philological-textual level or a material level. Film, as with photography, intrinsically carries within itself the concept of copy, which is implicit in its technical reproducibility. Film does not include the same perception of *hic et nunc* typical of another kind of artwork, unique and synchronous. Furthermore, film as a material object has specific features, while the movie exists only with projection, by screening a film running at twenty-four frames per second (since the beginning of talkies, sixteen or eighteen in the silent cinema era). The treatment of gaps is also different. Other copies may be used as sources and other elements may contribute to restoring an image as close as possible to the original content.

With regard to the other method, textual criticism comes from philology (from the ancient Greek φιλòλογος, consisting of φίλος (filos) "lover, friend" and λόγος (lògos) "word, discourse" (= interest in the study of words). It is a set of disciplines which study texts in order to reconstruct them through the comparative analysis of different sources, with the aim of achieving a correct interpretation by producing a 'critical edition'" containing an academically edited text [Maas 1958: 5]. One type of textual criticism within philology actually aims to get a text close to its original form. Quentin made a distinction between substantial and phono-morphological variants that create problems with the interpretations - in practice the text may have been corrupted by copies that have been produced up to present day. Karl Lachmann theorised a mechanical-probabilistic method of finding the original meaning of the text, a method that has been defined as stemmatics [from the word στέμματα (stèmmata) which may refer to family trees]. This family tree helps emphasise the relationships of surviving members by examining variants from the elements closest to the archetype, and selecting the best through the processes of *examinatio* (= examination, analysing the text to find alterations) and *emendatio* (= emendation, revising a text to reflect the copy-text editing). In terms of art restoration and textual criticism, film restoration s involves the definition of gap as an interruption in figurative and narrative texture. The figurativeness of the film is recognisable both in the single frame and its serial unity, whereas a painting has an individual and simultaneous physical layout[3]. Searching for gaps is a basic step in restoration, because it enables understanding of the overall unity of the work. Depending on position on the film, we have a circumstantial gap when it involves the whole frame, a local gap when the interruption includes a brief segment of film, and an extensive gap when it involves the whole reel.

The use of art restoration theory and philological methods in the field of film restoration, which inspired scholars and operational methods and references for research, have actually led to frequent misunderstanding - the idealisation of the original in an artistic field structurally featured with technological reproducibility. Restorers have often turned the work «into the critical edition of a non-existent ideal, on the basis of an equation between moving image and written words, which is as hasty as it is misleading»[4] .

The structural specificity of cinema requires specific practices related to the chemicals and layout of film reels, in addition to specific consideration of the medium. In reality, cinema itself involves the paradox of indexicality and temporal continuity conveyed through 'stopped time', the rapid succession of still frames or frozen images.

Since its early days, cinema has experienced an «epistemological shift towards the weighting of a legible contingency. The significance of the cinema, in this context, lies in its apparent capacity to perfectly represent the contingent, to provide the pure record of time [...] continual evidence of the drive to fix and make repeatable the ephemeral»[5]. The emergence of cinema redefined interest in the boundaries of human identity and memory, in line with Bazin's so-called theory of 'mummy complex' (i.e. that cinema arouses the need - at the heart of all plastic arts - to make the mortal immortal to preserve our being beyond its physical existence)[6].

In 1898 Boleslaw Matuszewski. in *Une nouvelle source de l'histoire*, affirmed the idea of a deposit of films, where they can be preserved and used as documents and historical sources. Even before this, in 1895, William L. Dickson anticipated the concept of cinematheque, by describing archives of films as the custodian of a nation's historical identity. Modern historicity of film is a combination of various features of a society's epistemological structures, between the desire to mummify time by creating history and the historicity of the device and its language. Moreover, we are currently experiencing a transition between eras and communication tools, a transition which involves media phenomena, artistic languages, and collective memories through rapid technological advancement. Even similar restoration methods with digital tools is strongly compromised with the transitional condition that affects contemporary media. The introduction of numerical information into image creation and reproduction systems allows significant flexibility for restoration work, despite the fact that it depends on numerical encoding and decoding systems. Digital tools can be employed effectively for film restoration - according to Paul Read we could define «Restoration of Motion Picture Film [...] as the process of compensating for degradation by returning an image close to its original content [...] and by adding "by transfer to a digital format in order to manipulate and modify that image before recording back to a display medium"» we can define Digital Restoration[7]. With the transformation of an analogue copy onto a file, this malleability in manipulating images radically impacts the practice and ethics of film restoration - «it seems to be done on purpose to reconfirm Wilde's myth of beating time and death through reproduction»[8].

The recognition of the theoretical paradigm of research on film specificity and reconstruction methodologies aims to create a thought-provoking debate about the need for restoration and the future of film in the current mediascape, a network of influences that involves today's and tomorrow's audience[9]. The restoration of films actually implies an aptitude for research on the future of cinema and the relationship with how it is received.

Notes

1   For the text of the UNESCO conference (Belgrade 27th October 1980), check: http://portal.unesco.org/en/ev.php-URL_ID=13139&URL_DO=DO_TOPIC&URL_SECTION=201.html (visited in 09/04/2016).

2   Paolo Cherchi Usai, *The Death of Cinema*, BFI, London, 2001.

3   Cesare Brandi, *Teoria del restauro*, Einaudi, Torino, 1977, p. 1090.

4   Paolo Cherchi Usai, "Crepa nitrato, tutto va bene", in F. Casetti (ed.), *La Cineteca Italiana. Una storia milanese*, Il Castoro, Milano, 2005, p. 14.

5   Mary Ann Doane, *The Emergence of Cinematic Time. Modernity, Contingency, the Archive*, Harvard University Press, Cambridge - London, 2002, p. 22.

6   André Bazin, "The Ontology of the Photographic Image'"in *What Is Cinema?*, (trans. Hugh Gray), vol. 1, University of California Press Ltd, London, 1967 [or. ed. 1954], p. 9.

7   Paul Read, *Digital Image Restoration – Black Art or White Magic?*, in Dan Nissen, Lisbeth Richter Larsen, Thomas Christensen, Jesper Stub Johnsen (eds.), *Preserve then Show*, DFI, Copenhagen, 2002, p. 61.

8   Stella Dagna, *Perché restaurare i film?*, ETS, Pisa, 2014, p. 33.

9   See also: Giovanna Fossati, *From Grain to Pixel. The Archival Life of Film in Transition*, Amsterdam University Press, Amsterdam, 2009; Caroline Frick, *Saving Cinema. The Politics of Preservation*, Oxford University Press, Chicago, 2011; Simone Venturini (ed.), *Il restauro cinematografico. Principi, teorie, metodi*, Campanotto Editore, Pasian di Prato - Udine, 2006.

LA VEDUTA COLORATA. COLORE E ATTRAZIONE NEL CINEMA DELLE ORIGINI

Federico Pierotti

Nel cinema delle origini il colore è sempre un elemento *applicato* all'immagine. Almeno quattro tecniche permettevano di applicare uno o più colori su una copia stampata in bianco e nero: la colorazione manuale e a *pochoir*, la tintura (o imbibizione) e il viraggio. Queste tecniche si distinguevano da quelle basate sulla riproduzione del colore, il cui sfruttamento commerciale fu tentato precocemente con le lastre fotografiche Autochrome (1907) e il sistema cinematografico Kinemacolor (1908). Nonostante invenzioni come queste mostrassero le potenzialità future del colore riprodotto, nei primi anni del Novecento furono i colori applicati a diffondersi su vasta scala. Dato che risultava ancora molto complesso fissare fotograficamente il colore sulla pellicola, la prima soluzione che fu pensata per aggiungere un po' di colore alle immagini in bianco e nero del nuovo medium fu la colorazione manuale.

Praticata in modo occasionale fin dagli anni Novanta dell'Ottocento, la colorazione iniziò a sistematizzarsi con l'aumento della circolazione di vedute all'inizio del Novecento. Con la nascita dei primi atelier (come quello parigino di Elisabeth Thuillier), il lavoro veniva normalmente assegnato a squadre di giovani operaie, che, come le coloratrici di lastre per lanterna magica, ricevevano salari esigui[1]. A Roma, intorno al 1907, una coloratrice della Cines era pagata tra una lira e mezza e le tre lire al giorno, mentre un'apprendista guadagnava solo una lira. Nel corso di una giornata lavorativa di dieci ore, ciascuna operaia riusciva a colorare tra i quattro e i cinque metri di pellicola[2]. Il lavoro veniva effettuato su telai di vetro smerigliato illuminati dal basso, sopra i quali venivano collocate le immagini da colorare con un finissimo pennello. Richiedeva grande pazienza e precisione, procedeva un fotogramma alla volta e doveva essere ripetuto per ciascuna copia. La colorazione era infatti un'operazione artigianale, che rende oggi ciascuna copia un oggetto unico.

Il più importante tentativo di trasformare la colorazione in un processo industriale si deve alla Pathé, nel quadro di una razionalizzazione delle fasi produttive. Nei primi anni del secolo, la società francese promosse una serie di ricerche per adattare al cinema l'antica tecnica del *pochoir*, impiegata fin dalle origini dell'incisione e della stampa per la colorazione di immagini in serie come le carte da gioco. Il sistema brevettato dalla Pathé (per questo chiamato Pathécolor) permetteva di applicare meccanicamente, con maggiore precisione e uniformità, fino a sette diverse tinte su più copie di uno stesso film, limitando le imprecisioni della colorazione manuale. La tecnica del *pochoir* si basava sull'impiego di positivi intagliati in corrispondenza delle zone da colorare con una determinata tinta, in modo che ciascuno di essi funzionasse come una maschera per il trasferimento di un singolo colore sulla copia da proiezione. Una singola serie di positivi intagliati poteva in questo modo servire alla colorazione di un più alto numero di copie, rendendo il processo più rapido ed economico. Nell'ottica di migliorare ulteriormente lo sfruttamento industriale, tra il 1906 e il 1908 furono introdotte alcune innovazioni meccaniche per ridurre i tempi di intaglio dei positivi e di colorazione delle copie. La colorazione a *pochoir* divenne così per alcuni anni una tecnica molto utilizzata dalla Pathé per la produzione di vedute appartenenti a diversi generi, il successo delle quali contribuì a decretare la fortuna internazionale del nuovo sistema.

Nei primi anni del cinema, l'uso del colore si basava su abitudini visive consolidate nel corso dell'Ottocento. I primi spettatori di vedute colorate non erano sorpresi dalla presenza di tinte artificiali aggiunte a immagini in bianco e nero, poiché erano stati abituati a modalità simili dalle proiezioni di lanterna magica, dalle fotografie, dalle cartoline e dalle stampe[3]. Prima dell'affermazione delle sale stabili, del resto, le proiezioni cinematografiche si tenevano negli stessi luoghi dove queste e altre forme di intrattenimento a colori venivano abitualmente fruite, dalle esposizioni universali alle fiere, dai circhi ai *café chantant*, dai music hall ai teatri.

Il colore manteneva la natura di *attrazione* che era tipica di questo stesso orizzonte di esperienze visive[4]. Tra le diverse forme che raccoglievano l'eredità della cultura visuale ottocentesca è possibile isolare quattro modalità di attrazione specificamente legate al colore: la luce, la pirotecnia, l'effettistica teatrale e la visione ravvicinata. Cerchiamo di esemplificare ciascuna di esse, sinteticamente, attraverso alcuni esempi.

Per quanto riguarda il colore come *effetto di luce*, uno dei soggetti di maggior successo fin dagli anni novanta dell'Ottocento fu la danza serpentina. Questa danza moderna, ideata nel 1889 da Loie Fuller, sfruttava l'effetto delle luci colorate proiettate su lunghi drappi di stoffa bianca messi in movimento dalla danzatrice. Sia Edison che Lumière furono sedotti dalle potenzialità cinematografiche di questo soggetto e tentarono fin da subito di riprodurlo davanti alla macchina da presa. In *Annabelle Serpentine Dance* (Thomas A. Edison, 1895), la colorazione è applicata sui capelli della danzatrice e sulla veste bianca con i lunghi drappeggi fatti roteare dal movimento delle braccia, con tonalità variabili dal giallo-arancio al rosa-violetto. Nella veduta Lumière *Danse serpentine* (1897-1899), l'effetto policromo della danza è evocato attraverso passaggi continui dal verde al rosa, al giallo, all'arancio e all'azzurro. La colorazione diventava indispensabile per simulare attraverso le tinte applicate sulla pellicola gli effetti che, nell'originario contesto performativo, erano stati prodotti dalla luce colorata.

Il colore divenne fin dai primi anni un elemento indispensabile anche per accompagnare gli *effetti pirotecnici*. Gli studi cinematografici ereditarono dal teatro la consuetudine di avere sempre un artificiere al loro servizio, mentre Méliès era solito occuparsi direttamente di questi effetti fin dai tempi del Théâtre Robert Houdin. Il genere che valorizzò al massimo grado il legame tra colore e pirotecnia fu il film a trucchi, grazie ai lavori dello stesso Méliès e di alcuni specialisti della Pathé, come Segundo de Chomón, Gaston Velle e Ferdinand Zecca. Polveri, fuochi ed effetti soprannaturali popolavano negli stessi anni anche soggetti agiografici come le passioni della Pathé o la *Jeanne d'Arc* (Georges Méliès, 1900). Gli effetti pirotecnici perdevano infatti gran parte della loro forza spettacolare senza il colore. È possibile rendersene conto ancora oggi, confrontando la splendida esuberanza di quelli presenti in certe vedute colorate di Méliès (come *Le Royaume des fées*, Méliès, 1903 e *La Fée Carabosse*, Méliès, 1906) con la resa indubbiamente più povera di quelli delle vedute giunte sino a noi soltanto in bianco e nero.

Il terzo uso del colore come attrazione si lega all'*effettistica teatrale*. Anche in questo caso, l'uso di colori applicati aumentava l'impatto degli effetti scenografici e delle soluzioni di macchineria ereditate dal teatro ottocentesco. Nei balletti, nelle féerie, nei melodrammi e nelle opere teatrali, effetti scenografici e visivi di ogni tipo avevano assunto una parte preponderante, conquistando il sopravvento assoluto sul testo e sulla drammaturgia: gli spettacoli di maggiore successo contavano decine e decine di trucchi, cambiamenti di scena, accessori e costumi speciali. Diverse vedute cinematografiche delle origini raccolsero l'eredità lasciata da questo immaginario spettacolare. Moltissimi film prodotti dalla Pathé adattavano al nuovo medium modelli teatrali, utilizzando il colore come un fondamentale elemento di seduzione spettacolare. Per il genere della féerie, si pensi agli effetti soprannaturali de *La gallina dalle uova d'oro* (*La Poule aux œufs d'or*, Gaston Velle, 1905), come la personificazione della gallina, la visione della testa di Satana dentro l'uovo, l'esplosione dell'uovo; oppure, ancora ai numerosi effetti scenografici, acquatici e marini presenti in *Le Royaume des fées* di Méliès. Paradossalmente, i colori che si vedevano sullo schermo non avevano niente a che fare con quelli del set, contrariamente a quanto suggeriscono alcune delle più suggestive sequenze di *Hugo Cabret* di Martin Scorsese (*Hugo*, 2011). I colori proiettati erano sempre virtuali. Nello studio di Montreuil di Méliès tutti gli elementi del set erano realizzati esclusivamente in toni di grigio, in modo da neutralizzare la limitata sensibilità della pellicola ortocromatica e ottenere una migliore trasparenza. La presenza di colori saturi, infatti, avrebbe restituito sul positivo sagome troppo scure, impossibili da colorare. Come scrisse lo stesso Méliès, «le scenografie a colori vengono orribilmente male. Il blu diventa bianco, i rossi e i gialli diventano neri, così come i verdi; ne deriva una completa distruzione dell'effetto»[5].

Un'ulteriore possibilità di valorizzazione del colore in senso attrazionale è infine rappresentato dall'emergere della visione ravvicinata in soggettiva, attraverso cui dettagli e particolari assumevano sullo schermo dimensioni inusitate. L'atto di avvicinare l'occhio a un visore per riceverne sensazioni speciali era un'esperienza diffusa per lo spettatore dell'epoca[6]. Nei film che sperimentavano questa modalità, i momenti di visione ravvicinata si imponevano spesso come un'affermazione autoreferenziale del colore. Queste immagini sottolineavano come guardare da vicino oggetti ingiganititi significasse godere fino in fondo delle loro qualità cromatiche. Con l'introduzione del *pochoir,* verso la metà del primo decennio, la cura del dettaglio colorato poteva essere perseguita con risultati particolarmente apprezzabili nelle vedute della Pathé. In *La pena del taglione* (*La Peine du talion*, Velle, 1906), ad esempio, i dettagli ingiganititi delle farfalle (osservate attraverso una lente di ingrandimento) valorizzano il potere di seduzione visiva del colore attraverso vivaci accostamenti cromatici. Grazie al contrasto tra la superficie nera del mascherino circolare e i colori vibranti delle farfalle, la chiarezza e la brillantezza delle tinte vengono notevolmente valorizzate. Il carattere attraente di una realtà avvicinata attraverso uno strumento ottico emerge in maniera altrettanto forte in *Voyage sur Jupiter* (Segundo de Chomón, 1909), in cui le visioni ravvicinate della luna, di Saturno e di Giove rappresentano momenti particolarmente propizi all'esibizione di colori puri al massimo grado di saturazione.

Le fer à cheval (Camille de Morlhon, 1909) si colloca in un momento di transizione tra cinema delle attrazioni e cinema del *secondo periodo*, corrispondente grossomodo al decennio 1907-1917[7]. Nel corso di questa fase, il cinema rimodellò la propria immagine attraverso la ricerca di identità più nobili. I modelli attrazionali precedenti furono gradualmente reintrodotti all'interno di nuove pratiche significanti che puntavano ad andare incontro a un nuovo pubblico borghese. Il cinema mise a punto nuove opzioni stilistiche e narrative per dotarsi di un apparato discorsivo in grado di costruire mondi, delineare psicologie e raccontare storie in modo sempre più complesso e articolato. Film sempre più estesi nella durata iniziarono a essere proiettati in grandi teatri collocati nel cuore dei centri urbani, con l'accompagnamento di imponenti organici orchestrali. L'affermazione delle sale stabili impose per gli edifici cinematografici criteri costruttivi più vicini a quelli adottati per i teatri.

All'interno di queste dinamiche il colore continuava a essere considerato un elemento determinante. Se la colorazione manuale fu abbandonata (tranne per qualche caso particolare), l'uso della tintura e del viraggio si estese notevolmente. Queste tecniche, realizzabili con procedure più semplici e meno onerose, si prestavano meglio della colorazione a soddisfare le esigenze produttive dei lungometraggi, poiché erano molto più rapide ed economiche. La colorazione a *pochoir* continuò a essere utilizzata per tutto il secondo periodo (si pensi al caso di *Rapsodia satanica*, Nino Oxilia, 1917). L'introduzione dei primi sistemi di riproduzione cinematografica del colore, come il già citato Kinemacolor o il Chronochrome della Gaumont, ne riqualificarono le funzioni in direzione più realistica, soprattutto nei generi che continuarono a utilizzarlo più spesso: documentari di viaggio e di moda, drammi storici e film in costume[8]. Ancora nel 1918, William Van Doren Kelley, inventore del sistema riproduttivo Prizma Color, lamentava che «in diverse occasioni dopo essere stati attratti da un cinema in cui venivano pubblicizzati dei film a colori fummo delusi nello scoprire che si trattava di film in bianco e nero colorati»[9]. Non c'erano particolari ostacoli affinché una tecnica non fotografica come quella del *pochoir* potesse essere chiamata, agli occhi degli spettatori, a soddisfare una domanda di realismo.

Note

1 Sulla colorazione manuale e a *pochoir*, cfr. Jacques Malthête, «Les bandes cinématographiques en couleurs artificielles. Un exemple: les films de Georges Méliès coloriés à la main», in *1895*, n. 2, aprile 1987, pp. 3-10; Harold Brown, «Tecniche di colorazione a mano e 'a pochoir'», in *Griffithiana*, nn. 29-30, settembre 1987, pp. 72-73; Jorge Dana, «Couleurs au pochoir», in *Positif*, nn. 375-376, maggio 1992, pp. 126-128; Jacques Marette, «Les procédés de coloriage mécanique des films» (1950), in *Journal of Film Preservation*, n. 47, ottobre 1993, pp. 54-59; Giovanna Fossati, «Quando il cinema era colorato», in *Tutti i colori del mondo. Il colore nei mass media tra 1900 e 1930*, Luciano Berriatúa et al., Diabasis, Bologna, 1998, pp. 40-43; Paul Read, «"Unnatural Colours": An Introduction to Colouring Techniques in Silent Era Movies», in *Film History*, n. 1, 2009, pp. 9-46; Federico Pierotti, «Colorare le figure. Il lavoro femminile sulla pellicola», in *Bianco e nero*, n. 570, maggio-agosto 2011, pp. 111-118; Joshua Yumibe, «French Film Colorists», in *Women Film Pioneers Project,* Jane Gaines, Radha Vatsal, Monica Dall'Asta (a cura di), Columbia University Libraries, New York, 2013 (https://wfpp.cdrs.columbia.edu/essay/french-film-colorists/).

2 F. Pierotti, «Colorare le figure», cit., pp. 113-116.

3 Per la colorazione nella stampa, cfr. Maxime Préaud, «Du coloriage à l'impression en couleur», in *Anatomie de la couleur. L'invention de l'estampe en couleurs,* Florian Rodari (a cura di), Bibliothèque Nationale de France-Musée Olympique Lausanne, Paris-Lausanne, 1996, pp. 18-49. Per la fotografia, cfr. Nathalie Boulouch, *Le ciel est bleu: Une histoire de la photographie couleur,* Textuel, Paris, 2011.

4 Cfr. Tom Gunning «Metafore colorate: l'attrazione del colore nel cinema delle origini», in *Fotogenia*, 1994, 1, pp. 25-38; André Gaudreault, *Cinema delle origini, o della cinematografia-attrazione,* Il castoro, Milano, 2004; Tom Gunning, Giovanna Fossati, Joshua Yumibe, Jonathon Rosen, *Fantasia of colour in early cinema*, Amsterdam University Press, Amsterdam, 2015.

5 Georges Méliès, «Le vedute cinematografiche (1907)», in *Verso il centenario. Méliès,* Riccardo Redi (a cura di), Di Giacomo, Roma, 1907, p. 90.

6 Cfr. Elena Dagrada, *La rappresentazione dello sguardo nel cinema delle origini in Europa. Nascita della soggettiva*, CLUEB, Bologna, 1998, pp. 54-60.

7 Cfr. Eric de Kuyper, «La couleur du muet», in *La couleur en cinéma, Milano-Paris,* Jacques Aumont (a cura di), MazzottaCinémathèque Française, Paris, 1995, pp. 139-146; Nicola Mazzanti, «Colours, Audiences, and (Dis)continuity in the "Cinema of the Second Period"», in *Film History*, n. 1, 2009, pp. 67-93.

8 Verso la metà degli anni Dieci l'uso del *pochoir* si ridusse per gli alti costi e la complessità di lavorazione; alcuni film continuarono tuttavia a utilizzarlo fino alla seconda metà degli anni Venti. Cfr. Maurice Gianati, «...Les couleurs et le son se répondent...», in*1895*, s. n., ottobre 1993, pp. 286-288; E. de Kuyper, «La couleur du muet» cit., pp. 143-144; Daan Hertogs, «Attention Essential: Coloured Nonfiction Films from the 1910s», in *Uncharted Territory. Essays on Early Nonfiction Film*, Stichting Nederlands Filmmuseum, Amsterdam, 1997, pp. 99-103; Eirik Frisvold Hanssen, «Symptoms of Desire. Colour, Costume, and Commodities in Fashion Newsreels of the 1910s and 1920s», in *Film History*, n. 2, 2009, pp. 113-115.

9 William Van Doren Kelley, «Natural Color Cinematography», in *Transactions of the Society of Motion Picture Engineers*, n. 7, novembre 1918, p. 38.

APPUNTI SULLA RIPRODUCIBILITÀ DEL COLORE NEI FILM DELLE ORIGINI

Claudio Santancini

I sistemi di colorazione della pellicola nel cinema delle origini hanno dovuto confrontarsi, a distanza di un secolo, con i sistemi moderni di riproduzione prima fotochimica e poi digitale. Le tecniche utilizzate all'epoca erano frutto di un lavoro di precisione di centinaia di operai (anzi, operaie, perché nella maggior parte dei casi erano donne) che coloravano i film manualmente. Questa tecnica però andò via via affinandosi, fino a utilizzare dei metodi meccanici che consentivano una maggiore precisione e rapidità. Nel caso della Pathé, il sistema che permette questa meccanicizzazione è il Pathécolor.

Il Pathécolor, dopo alcuni brevetti e passaggi intermedi, si perfezionerà tra il 1904 e il 1910: dalla colorazione manuale si passerà all'automatizzazione del taglio delle matrici sovrapposte a una copia positiva. Ottenuta la matrice, la si sovrapponeva alle copie da colorare, stendendo i colori per mezzo di tamponi. Ogni matrice era destinata a un colore, e si riuscivano a stendere da 3 a 6 colori diversi. Il taglio delle matrici veniva realizzato seguendo i contorni delle aree di immagine su un'immagine ingrandita proiettata su un vetro smerigliato. La macchina esegue il taglio con un ago. Per ogni colore la matrice veniva messa a registro con la copia positiva in una macchina da stampa in cui il colorante veniva applicato da una fascia di velluto continuo.

Le tecniche con cui si è cercato di ricreare quelle colorazioni in epoca contemporanea meritano una riflessione e qualche precisazione.

Innanzitutto, chiediamoci se i risultati ottenuti non sono troppo lontani dall'originale. La risposta più naturale è: "dipende". Dipende dalle colorazioni originali, dal loro stato di conservazione (o dalla documentazione conservata riguardo al loro look originale, incluse le modalità di proiezione), dalle soluzioni che adottiamo per la preservazione e - non ultimo - dai parametri che adottiamo nel giudicare "molto lontani" i nostri risultati. Ad ogni modo sì, quello che otteniamo oggi, il nostro restauro, non è che un'ipotesi interpretativa. Una proposta, una nuova possibile tappa di una storia più lunga, con la quale dobbiamo fare i conti; con la quale tutti devono fare i conti, dal restauratore allo storico al semplice spettatore. Perché se io restauratore non dichiaro apertamente che quello che presento al pubblico non è l'originale e non riproduce in totale fedeltà i colori originali, beh, allora sto spacciando per vero ciò che vero non è, mistificandone la storia.

In questo senso ci viene incontro il Desmetcolor, il sistema, nato analogico e sviluppatosi successivamente anche con la tecnologia digitale, più utilizzato per ricreare imbibizioni e viraggi. Ma esistono altri metodi e infinite sfumature, parametri di applicazione di questi metodi, sempre rimanendo in ambito fotochimico. Semplificando, le tre tecniche principali sono:
- stampa su supporti contemporanei a colori;
- duplicazione su b/n e successiva ri-creazione del colore nelle copie da proiezione (ad es. Desmet);
- riproduzione delle tecniche di colorazione (intendo proprio andare a cercarsi le "ricette" delle aniline dai cataloghi, applicarle sul film, ecc.).

Il metodo Desmet ha anche una sua declinazione digitale ed esiste da parecchi anni: l'accenno più vecchio è di Paul Read[1], del 2009. Pare che Thomas Christensen al Danish Film Institute sia stato il primo a sperimentare in quella direzione (lo conferma tra l'altro Giovanna Fossati in *From Grain to Pixel*)[2]. Concettualmente si basa sullo stesso principio dell'equivalente analogico, sfruttando la "capacità" dei software di color correction di modificare singolarmente porzioni del segnale luminoso. E nasce anch'esso dall'esigenza di ripristinare i colori omogeneamente, bypassando i problemi derivati dal decadimento non uniforme dei colori (per cause chimiche, meccaniche...). Ottenuta una scansione in B/N, si può reintrodurre il colore selettivamente, scegliendo di aggiungerlo all'intera immagine o a una parte di essa, ad esempio ai pixel scuri per ricreare l'effetto di un viraggio.

Un sistema di colorazione manuale può sembrare quanto di più lontano possibile dai metodi di riproduzione digitali eppure col digitale ci si può spingere oltre, ed emulare alcune tecniche come la colorazione a mano o il *pochoir*. Il limite sta nel look, nell'aspetto caratteristico della proiezione digitale, che non può riprodurre del tutto quello caratteristico della pellicola. Uno dei punti deboli è proprio il colore, che nella proiezione digitale quantomeno con le tecnologie disponibili oggi può subire uno slittamento anche notevole rispetto all'originale. Il problema del resto non è né nuovo né riguarda soltanto la "traduzione" digitale. Ben prima che i computer diventassero pane quotidiano per il restauratore di film erano noti i limiti della stampa su supporto safety delle copie superstiti di coloratissimi muti (acetato=surrogato). Pur rimanendo in un sistema di presentazione analogo, quello della proiezione analogica, le emulsioni moderne non permettevano più di riprodurre del tutto fedelmente tutti i colori.

Note

1 Paul Read, *"Unnatural Colours": An Introduction to Colouring Techniques in Silent Era Movies*, in *Film History vol. 21, n.1*, 2009.
2 Giovanna Fossati, *From Grain to Pixel: The Archival Life of Film in Transition*, Amsterdam University Press, Amsterdam, 2009, p. 90.

AUTEUR, RÉALISATEUR, PRODUCTEUR, JOURNALISTE, POLÉMISTE, SYNDICALISTE... LES VIES DE CAMILLE DE MORLHON

Eric Le Roy

Personnage incontournable du cinéma français par la diversité de son travail, Camille de Morlhon (de son vrai nom Louis Camille de la Valette de Morlhon) est né à Paris le 19 février 1869 dans une famille aristocratique. Après la ruine et le décès de son père, industriel, il est le secrétaire général de l'Automobile Club de France entre 1895 et 1901. Féru de littérature, de sciences et d'histoire, il écrit des pièces de théâtre et devient le secrétaire particulier d'Henry Deutsch de la Meurthe, puis met en scène des comédies, vaudevilles ou revues dans des théâtres parisiens.

Camille de Morlhon a abordé le cinéma en juillet 1908 par l'entremise de Charles Pathé, suite à une occasion manquée avec Léon Gaumont. Rencontré par les bons offices de Edmond Benoît-Lévy, les deux hommes ont entamé rapidement une collaboration étroite et féconde avec la complicité de Ferdinand Zecca. En effet, durant les mois de l'année 1908, lorsque Zecca compose son équipe de collaborateurs, Camille de Morlhon tournera dix films, tant des scènes dramatiques que comiques, mais également une scène à trucs, un film historique ainsi qu'une scène "féeries et contes". Jusqu'en 1912, la complicité sera établie sur les mêmes bases, l'auteur-réalisateur proposant ses sujets à Zecca qui apposait sa griffe pour acceptation.

Relativement libre dans son travail, Camille de Morlhon était tout de même l'un des rares créateurs de la Maison à pouvoir déjà signer ses œuvres, ce qui n'était pas le cas le la majeure partie des auteurs-réalisateurs non crédités aux génériques. C'est ainsi que l'on trouve son nom sur les scénarios Pathé dès ses tous premiers titres, ainsi que sur les affiches à partir de Petite rosse (1910), sans doute pour faire valoir son autorité face à l'interprète principal, Max Linder. Durant sa "période Pathé", le cinéaste aborde tous les thèmes, avec une prédilection pour les drames bourgeois, les sujets sociaux et la comédie sentimentale. En tout, près de 120 films de 1908 à 1912.

En 1908, Pathé frères sort sur les écrans les dix premiers films réalisés par Camille de Morlhon: trois scènes dramatiques (*Un bienfait n'est jamais perdu*, *Pour l'uniforme*, *Benvenuto Cellini*), quatre scènes comiques (*Un père irascible*, *Domestique malgré lui*, *Un suiveur obstiné*, *Un tic gênant*), une scène à trucs (*Les Reflets vivants*), une scène historique (*Olivier Cromwell*) et une scène "féeries et contes" *Quand l'amour veut*. Le cinéaste est donc déjà, en six mois, totalement assimilé aux différents genres de la Maison: les sujets sont écrits et proposés par le cinéaste, puis ils sont visés par Ferdinand Zecca. Si la plupart des genres sont bien définis, d'autres portent à confusion. En effet, certains films peuvent être à la fois dramatiques et historiques: la classification arbitraire opérée à l'époque était visiblement liée au nombre possible de titres par genre, en vue de l'édition du catalogue.

Si, pour l'instant, le cinéaste-pionnier accepte d'aborder tous les genres, il va peu à peu se recentrer sur trois d'entre-eux (le comique, le dramatique et le sentimental) avant de se cantonner dans le drame et l'historique puis en définitive dans la comédie dramatique. C'est donc à la fois un parcours qui suit celui de la firme (qui abandonne peu à peu les sujets tels que les danses et ballets, les scènes militaires, les scènes grivoises d'un caractère piquant et celles s'adaptant au phonographe) et un moyen pour s'imposer dans un style unique, celui des scènes dramatiques, historiques et réalistes, genre mineur du catalogue Pathé de 1908.

A cette période, il est encore problématique de déterminer un "style" de Morlhon, son apport se fondant dans la production générale. Ceci dit, l'auteur-réalisateur marque son terrain: il est probablement l'un des rares à écrire lui-même ses scénarios, souvent annotés d'informations techniques ou historiques. Ses scripts sont de véritables œuvres littéraires, dans un langage peu commun, utilisant des références et des termes précis, parfois poétiques. Une fois lancés sur le marché, les résumés édités dans les catalogues et scénarios reflètent moins son esprit. Deux films sont principalement représentatifs de l'œuvre à venir de Camille de Morlhon: *Benvenuto Cellini* et *Olivier Cromwell*. Ces sujets historiques seront principalement travaillés par l'auteur, qui observera de près la véracité historique, se basera sur des ouvrages de référence ou alors en fera des versions toutes personnelles.

L'année 1909 confirme l'omniprésence du réalisateur dans les studios Pathé de Vincennes: il tourne trente et un films, soit seize pour cent du catalogue Pathé frères qui produit cette année 489 titres de fiction. Cette première année de production complète comprend onze scènes dramatiques, neuf comiques, deux féeries-contes, une scène réaliste et huit vues "diverses" dans lesquelles on trouve une majorité de comédies sentimentales. C'est donc un travail qui l'occupe quotidiennement, entre l'écriture des sujets et leur tournage: en moyenne, un film tous les onze jours mais en raison du manque d'études dans ce domaine, il est ardu de comparer un tel rendement avec celui d'un autre cinéaste. *Le fer à cheval* s'inscrit dans cette production variée.

Durant l'année 1910, le cinéaste tourne moins de titres (vingt-trois), mais les développe et oriente la plupart de ses sujets vers le drame et les scènes historiques, même s'il entame l'année avec deux comédies, *L'Idylle du peintre* et *Les Trois voleurs*.

L'année suivante, qui comportera dix-neuf films (une stabilité par rapport à l'année précédente, tout comme la production Pathé de fiction qui s'équilibre en passant de 565 titres en 1910 à 562 en 1911) marque la concentration de la production de Camille de Morlhon vers deux genres: les scènes dramatiques et historiques. Plus de scène légendaire, à trucs, ni d'aventures. Les scènes comiques au nombre de deux (contre neuf en 1909) sont constantes au regard de 1910. Il y a donc probablement pour le cinéaste l'intention de se spécialiser dans un genre qui sera le drame, les autres vont aller en diminution l'année suivante (avec un voyage en Algérie à la fin de 1911) et lorsque sa propre firme les Films Valetta sera effective (en mai 1912) ses objectifs seront clairement affichés. D'autre part, la firme Pathé poursuit l'organisation de sa politique artistique, en abandonnant peu à peu des genres considérés désuets (comme les scènes à trucs, les ballets et féeries par exemple) et concentrant sa production sur les films dramatiques et surtout les comiques qui constituent près de la moitié du catalogue.

Afin d'étendre le marché des appareils de salon, Pathé fabrique de plus en plus la pellicule ininflammable. Un incendie vient, en outre, de détruire deux cent mille mètres de films. De nouvelles antennes s'installent dans le monde: la firme au coq sera bientôt sur tous les continents avec un incomparable monopole.

Au début de décembre 1911, Camille de Morlhon, accompagné de son épouse, quitte Paris pour l'Algérie avec une équipe technique des studios Pathé. Sont avec lui également les acteurs Léontine Massart, Valentine Tessier (qui tourne avec lui pour la première fois) et le mime Paul Frank. Donc, en fait, c'est une véritable troupe qui part en train jusqu'à Marseille puis prend le bateau jusqu'à Alger, en tournant quelques plans qui serviront plus tard aux films aux films réalisés en Afrique du nord. L'équipe prend ensuite la récente liaison ferroviaire jusqu'à Biskra, station hivernale et thermale entre le 1er novembre et le 1er mai, lieu touristique où la quasi-totalité des films est tournée, ce qui explique qu'aucune ville n'est citée et que, des films qui subsistent, on ne voit aucune métropole. Puis l'équipe se transporte en chameau dans les Ouled-Nails pour achever une partie des titres dont *La Fiancée du spahi*, *L'Otage* et *En mission*.

Sur les neuf titres réalisés, seulement deux sont des comédies, les autres étant des drames. A l'exception de *La Belle Princesse et le marchand*, "conte arabe" (*sic*), ils mettent tous en scène des colons français, en premier ou second plan. Les sujets, assez courts pour l'époque, sont donc contemporains du tournage : *En mission*, *L'otage*, *Vengeance kabyle*, *Pour voir les moukères*, *La Fiancée du spahi*, *La Haine de Fatimeh*, *La Belle Princesse et le marchand* et *Cireurs obstinés*.

Au regard de la production Pathé de l'époque, il s'avère que cette tentative de tournage en dehors de la métropole, sur des sites naturels, et avec une équipe restreinte est unique et ne se renouvellera d'ailleurs jamais. Alors, peut-on parler de mésaventure ? Les films rapportés par le cinéaste n'ont -ils pas satisfait Pathé ? Leurs présentations quasi-anonyme, sans référent, sans appartenance les uns par rapport aux autres expriment t'elles un sentiment d'échec ?

Pathé a gagné sa guerre contre Eastman, qui n'a plus le monopole. L'usine de film vierge tourne à plein rendement: environ 120 000 mètres d'émulsion positive et négative produite par jour. Les salles se construisent, les actualités prennent de l'ampleur et la société change de statut: en devenant la Compagnie générale des établissements Pathé frères phonographe et cinématographe, son capital atteint quinze millions de francs.

De janvier à mai 1912, Camille de Morlhon, parallèlement à la supervision du montage des films tournés en Algérie, met en scène six films, ce qui est très peu: à l'exception de deux d'entre-eux (des reconstitutions historiques: *Un Amour de la Du Barry*, *Un Maria-*

ge sous Louis XV), ce sont des sujets courts (quatre comédies sentimentales: *Gorgibus et Sganarelle, Le Testament de l'oncle Anselme, Les Mains d'Yvonne* et *La Prière de l'enfant*) manifestement tournés pour s'acquitter de son contrat avec Pathé. Le cinéaste paraît alors plus préoccupé à mettre en place sa future société de production.

Peu de temps avant la formation de sa propre société, Les films Valetta, Camille de Morlhon avait fait un pas en avant chez Pathé: les métrages de ses trois derniers titres (*L'Ambitieuse, Britannicus, L'Usurier*) triplaient voire quadruplaient ses métrages habituels. Peu à peu, il s'était avancé vers des sujets plus ambitieux, mais en nombre plus réduit: le succès évident de ces films fût indiscutablement un élément avantageux pour établir une nouvelle base de coopération entre Pathé et le cinéaste qui était alors en position de force.

Bien qu'étant l'un des cinéastes les plus autonomes de la firme Pathé (le voyage en Algérie en est un exemple frappant), Camille de Morlhon choisit donc, en mai 1912, de créer sa propre société de production. A ce sujet, aucun élément ne permet de justifier précisément cette décision. Seule la production à venir, qui se démarque fortement de sa "période Pathé" par son exigence et ses intentions, donnera un embryon d'explication à cette nouvelle voie dans laquelle se lance l'auteur-cinéaste: désirant tourner des sujets plus longs, plus construits, avec une évidente augmentation de moyens, il est probable que Pathé n'ait pas voulu s'engager dans cette entreprise, tout en gardant l'édition des bandes dans son catalogue.

A l'époque, Camille de Morlhon est l'un des rares cinéastes à se mettre à son compte pour produire ses propres films mais ce qui peut paraître pour de l'audace masque la présence sous-jacente de Pathé, sans laquelle Les Films Valetta n'auraient pu se créer.

La création des "Films Valetta"

C'est donc le 5 juillet 1912 (soit exactement quatre ans après son premier film) que Camille de Morlhon dépose au Greffe du Tribunal de Commerce de la Seine la marque de sa société "films Valetta" comportant les armoiries de sa famille[1]. En mai 1912, le Courrier Cinématographique[2] publiait déjà cette annonce: «On dit que MM. de Morlhon et Floury [Edmond, ndlr] préparent le lancement d'une marque de films. La société Pathé serait chargée de l'éditer».

C'est finalement en octobre de la même année qu'apparaissent plusieurs articles où l'on mentionne la naissance de la nouvelle firme, notamment dans la revue corporative Le Cinéma et l'Echo du Cinéma réunis qui soutiendra le nouveau producteur-réalisateur, alors âgé de 43 ans. Singulièrement, les informations publiées soulignent l'autonomie de l'entreprise:

Or, voici que M. de Morlhon, en fin de contrat, ayant quitté la maison où il s'était perfectionné dans son art, s'est installé à son compte et, avec l'appui de son associé, réalise enfin le rêve de tout artiste: Produire dans l'absolue et complète indépendance. Et c'est de cette liberté d'action que nous est né le Film Valetta[3].

Si De Morlhon réussit cette transition grâce à l'apport financier d'un banquier, l'indépendance tant prétendue est loin d'être réelle. En effet, la firme Valetta doit amplement son existence à Pathé frères: la "rupture" est loin d'être effective car tous les films produits par Camille de Morlhon seront édités par Pathé jusqu'en 1920.

En mai 1912, peu de temps avant la création de sa société, de Morlhon s'installe au 16 rue du Faubourg Saint-Denis[4] puis s'engage dans sa première production avec *L'Ambitieuse*.

Dès le départ, son cahier de régie[5] fait apparaître de manière évidente l'apport de Pathé au fonctionnement des Films Valetta: Pellicule et décors sont avancés sans facturation pour être remboursés lors de l'édition des films. Ainsi, Pathé s'engageait à diffuser les bandes dans ses salles et assurait par là même des bénéfices aux films du cinéaste-producteur avant leur finition et leur édition: c'était, une sorte d'"avance sur recettes", à valoir en nature.

A contrario, ce mécanisme financier ne coûtait que très peu à Pathé qui n'investissait pas réellement dans la production de films "ambitieux", son apport ne représentant que 10% du budget global. D'autre part, les premiers chiffres d'exploitation des films produits par les Films Valetta font apparaître des bénéfices stables, dus à la prise en charge, par Pathé, de l'exploitation des films dans son propre circuit. Par exemple, *L'Ambitieuse* (premier titre de la maison), exploité en novembre 1912, a pour un prix de revient de 10.725,40 francs, rapporté 21.629,20 francs..[6]. La réalisation des films, définie d'un commun accord (d'après la même note) protégeait Les Films Valetta de tout accident de parcours et planifiait ainsi les tournages en vue de leur édition par Pathé.

Après l'échec financier et public de *Don Quichotte*, Camille de Morlhon abandonne les reconstitutions historiques et se concentre sur des scénarios originaux (en privilégiant drames sociaux et mondains) tout en innovant sa démarche de producteur-réalisateur: il tourne désormais deux films à la fois, avec les mêmes interprètes principaux, n'hésitant pas à se déplacer dans les Pyrénées, en Savoie, Nice ou Marseille. Il en est ainsi pour *La Broyeuse de coeurs* et *La Calomnie*, *La Fleuriste de Toneso* et *L'Escarpolette tragique*, *Sacrifice surhumain* et *Le Secret de l'orpheline*, *Vingt ans de haine* et *La Vieillesse du père Moreux*. Séparé de son associé à partir du 20 avril 1913, Camille de Morlhon gère tout seul sa maison de production. Si les quatre premiers titres sortent l'un après l'autre, les suivants sont édités par Pathé avec des décalages qui permettent au cinéaste de tourner en peu de temps d'autres titres, com me *Une Brute humaine* ou *L'Infamie d'un autre*. Ces derniers sont intercalés dans l'ordre de diffusion, afin, peut-être, que le spectateur ne reconnaisse pas les mêmes acteurs dans les mêmes décors, film après film...

De cette période d'avant-guerre reste un fait marquant sur les rapports entre de Morlhon et Pathé: l'édition de *Une Brute humaine*, drame social avec Jean Dax, Léontine Massart, Marié de L'Isle et Paul Guidé[7]. D'une longueur exceptionnelle pour l'époque (1950 mètres), le film a été tiré à 200 exemplaires, autant que *Les Misérables* d'Albert Capellani qui lui est directement produit par Pathé. Enorme succès (la bande a rapporté 79.924,75 francs pour un coût de 26.171,25 francs) qui a assis l'autorité du réalisateur et lui a permis d'envisager une coopération plus étroite entre Les films Valetta et Pathé.

C'est sans doute pour cette raison qu'en mai 1914, Charles Pathé suggère à de Morlhon d'aller en Hongrie pour réaliser deux films, prolongement du séjour algérien de 1912.

En coproduction avec la firme Pathé du pays (intitulé *Film Hongrois* dans les documents de Camille de Morlhon) sont ainsi mis en scène *La Dette de l'aventurière* et *Le Roman du Tzigane*, d'après des sujets proposés par Abel Gance qui travaillait alors anonymement, entre autres pour le cinéaste-producteur mais également pour Pathé[8]. C'est ainsi que de Morlhon, accompagné de ses acteurs français et de son équipe technique de chez Pathé est parti pour Budapest pour y rencontrer Erno Goldenweiser, représentant de la firme sur place depuis 1912 au IV Ferencz Jozsef-Rakpart 26[9]. Le tournage se déroule dans les lieux les plus typiques de Budapest. Mais, au moment où l'on se prépare à quitter la ville, l'Europe chavire dans la guerre. De retour à Paris, les deux films de Camille de Morlhon sont bloqués. Charles Pathé et son entourage refusent d'éditer ces bandes pour raisons diplomatiques, les deux sujets étant coproduits et réalisés avec l'ennemi, l'Empire austro-hongrois. Les films n'ont jamais été édités et le cinéaste n'en a jamais reparlé, tout au plus pour signaler la perte de l'argent engagé pour ces tournages par Les Films Valetta. Du coup, d'autres projets avec Abel Gance et Pathé pour la Russie et l'Europe Centrale ont été abandonnés.

Durant les premiers mois de la guerre, Pathé est contraint par décret gouvernemental à réserver la pellicule pour le Service Cinématographique des Armées. Camille de Morlhon suspend alors sa production mais réalise quelques films de propagande avec le docteur Commandon aux studios Pathé de Vincennes. A partir de mars 1915, la situation se stabilise. Le cinéaste reprend le chemin des tournages et réalise ainsi quatre films par an jusqu'en 1917 abandonnant toutefois son dispositif de double tournage: *La Petite marchande de fleurs, Sous l'uniforme, Le Faux père, Les Effluves funestes* (1915) *Coeur de Gavroche, Fille d'artiste, Le Secret de Geneviève, Marise* (1916), *L'Orage, Miséricorde, Simone* (1917), *Expiation* (1918). L'après-guerre, l'arrivée de films américains et de nouveaux auteurs font évoluer la cinématographie française : Camille de Morlhon est déjà en décalage, figé dans un cinéma d'une autre époque. Il tente néanmoins de poursuivre sa carrière de cinéaste, mais il devient avant tout un défenseur de la profession et un journaliste polémiste plein de verve.

La Société des auteurs de films (SAF)

En 1917, pendant le tournage de Simone, Camille de Morlhon décide de créer, pour le cinéma, une association identique à celle de la Société des Auteurs et Compositeurs Dramatiques (SACD). En effet, depuis les débuts du cinéma en France, les auteurs ne sont ni défendus, ni représentés et leurs droits sont dans un flou juridique. Après plusieurs mois de tâtonnements et de conversations avec la profession (les cinéastes Louis Feuillade, Georges Monca, Germaine Dulac et le syndicaliste Eugène Berny), c'est en mars 1918 qu'est fondée la Société des Auteurs de Films (SAF) dont le siège est situé chez le réalisateur, également adresse des Films Valetta. La création de cette société est une réponse à l'indifférence des pouvoirs publics vis à vis de la corporation cinématographique et de son organisation, mais aussi une riposte à Charles Pathé et à sa conception du droit d'auteur. Il est clair que par "auteur de films" Camille de Morlhon conçoit la notion de cinéaste plus que celle de scénariste, même si la future société est appelée à admettre les membres des différentes branches de la corporation. Seuls les représentants de monopoles ne seront jamais admis...[10]. A partir de ce moment, la place du réalisateur se modifie au sein du cinéma français: plus que celle d'un auteur de films, il va donner l'image d'un défenseur de la production nationale.

Durant de nombreuses années, il prendra part aux multiples débats sur l'évolution du cinéma, délaissant ses créations personnelles au profit du combat pour le cinéma français, propageant ses attaques sur l'invasion des productions américaines, l'incurie des pouvoirs publics et combattant les positions de Charles Pathé avec lequel se sera la rupture.

Polémique avec Charles Pathé

En mai 1918, la Société des Auteurs de films dresse un constat accablant de la production française: la plupart des maisons d'édition ont licencié leur personnel en les avertissant qu'elles suspendaient leur production; seuls les films commencés sont achevés et ceux en préparation sont reculés. Durant cette période passionnée, Camille de Morlhon plaide pour les producteurs indépendants. Mais il combat principalement le monopole et la concentration des activités, devenant de plus en plus critique envers Charles Pathé. Dans l'opuscule qu'il vient de rédiger[11], ce dernier met le feu aux poudres. Il faut dire que le fondateur de la firme au coq n'a pas joué sur le vocabulaire et les principes. En examinant les défaillances de la production, il donne, dans le détail, des leçons sur la fabrication d'un film. En outre Charles Pathé se pose en producteur à l'américaine, situe le débat au niveau de la propriété du négatif de l'oeuvre (sujet jamais abordé par le cinéaste) avant de terminer avec cette phrase lapidaire: «C'est de cette inertie générale de nos professionnels du cinéma, insuffisamment épris de leurs travaux, qu'est venue notre décadence»[12]. La polémique dure de mai à septembre 1918 dans un climat acrimonieux. La presse s'en fait l'écho et le président-fondateur de la SAF déploie toute son énergie pour négocier avec les composantes de la corporation cinématographique.

Ceci dit, on remarque nettement la dégradation des relations entre Charles Pathé et Camille de Morlhon, et l'on se doute qu'une telle situation ne durera pas très longtemps. Si la production Pathé est désormais inexistante, de Morlhon s'éloigne des studios parisiens pour tourner intégralement *L'Ibis bleu* (d'après le roman de Jean Aicard) à Nice du 16 août au 18 septembre 1918 en économisant la pellicule le plus possible.

Bloqué près d'un an en raison des derniers mois difficiles de la guerre, *Expiation* sur lequel les critiques émettent des réserves, sort en définitive 8 novembre 1918, avec *Y'a plus d'enfants* en premier programme. Ce dernier est d'ailleurs présenté de manière anonyme, sans nom de scénariste ou de metteur en scène, suite à un différend entre Camille de Morlhon et Louis Verneuil.

Peu de temps après, en janvier 1919 sort sur les écrans *L'Ibis bleu*, qui reçoit un accueil chaleureux dans la presse. Camille de Morlhon arrête alors sa production pour s'employer à faire aboutir tous ses projets liés à la Société des Auteurs de Films, et ce durant deux années.

En octobre 1920 naît une controverse au sujet du rapport de Charles Pathé sur l'Assemblée extraordinaire de la Société Pathé-Cinéma du 16 septembre 1920 publiée et commentée essentiellement dans *Hebdo-Film*[13]. Ce rapport, qui notifie que la nouvelle société va surtout s'intéresser à l'édition et passablement à la production, propose aux actionnaires la cession des dernières succursales Pathé à l'étranger et signale tout de même que la fabrication du film vierge sera maintenue, malgré le manque de matières premières. Dès le numéro suivant, Camille de Morlhon lui répond de manière aigüe mais courtoise. Les premiers mots sont explicites:

Dans un rapport qui a reçu, en raison de la notoriété de la signature, une large publicité, M. Charles Pathé jette un discrédit sur le film français. La Société des Auteurs de Films, profondément émue de voir qu'un des plus grands noms de la Cinématographie française, loin d'aider au relèvement d'un art national, prédit en quelque sorte son écroulement définitif, proteste publiquement contre cette déclaration dont les conséquences peuvent atteindre cruellement aussi bien les artisans du film français que ceux qui luttent avec courage contre la concurrence étrangère (en décourageant les uns, capitalistes et producteurs, et privant de travail les autres, artistes, auteurs ou metteurs en scène.

Les derniers mots de sa réponse sont tout aussi nets:

L'ensemble de son rapport conclut, en effet, à l'impossibilité de gagner de l'argent en faisant du négatif. N'est-ce pas éloigner les capitalistes. Et celle-ci étant abandonnée, n'est-ce pas encore louer la production étrangère, seule fournisseur de nos écrans ? M. Charles Pathé a-t-il vraiment songé à cette conclusion effroyable ? C'est sur cette conclusion, inattendue peut-être pour le rapporteur lui-même, que la Société des Auteurs de Films a tenu à protester[14].

Camille de Morlhon termine son plaidoyer en appelant les nouveaux venus du cinéma à relever le défi et à ne pas baisser les bras. Le décalage entre les deux hommes est maintenant bien franc.

Vers la rupture

En janvier 1920, Camille de Morlhon avait tourné *Eliane*. Prévue durant toute l'année 1920, la sortie n'aura lieu qu'un an après, en février 1921, sous le titre *Une Fleur dans les ronces*, révélation des dissensions entre le cinéaste et Pathé. Entre temps, Camille de Morlhon aura mis en scène deux autres titres en indépendant, *Fabienne* et *Fille du peuple*, tous deux déjà sortis sous la bannière de l'Agence Générale Cinématographique qui s'était chargée d'une généreuse publicité sur les deux titres: la séparation avec Charles Pathé est donc bien confirmée.

Les deux hommes ne se reverront plus. Charles Pathé ne mentionnera d'ailleurs jamais le nom de Morlhon dans ses mémoires. Quant au cinéaste-producteur, il ne manquera pas de citer le fondateur de Pathé frères dans ses interviews ou écrits.

Pendant les années vingt, Camille de Morlon réalise seulement cinq films (*Une fleur dans les ronces*, 1920, *Fabienne*, 1920, *Fille du peuple*, id, *Tote*, id, et *Roumanie, terre d'amour*, 1930) pour se consacrer à la défense des auteurs de films et du cinéma français. À cette période, Camille de Morlhon rédige des textes législatifs, et écrit de nombreux articles sur le cinéma.

Le réalisateur retrouve donc sa méthode qui fait s'enchaîner les tournages. Plutôt que des tournages simultanés, Morlhon préfère deux équipes artistiques différentes, mais un suivi avec les mêmes techniciens : l'efficacité, la rapidité sont son mot d'ordre. Défendu par le fidèle mais acerbe André de Reusse, ses derniers films sont bien reçus par la critique: c'est donc un encouragement pour le réalisateur, alors âgé de 51 ans qui connaît des difficultés pour continuer sa carrière de réalisateur. Morlhon est quelque peu piégé par ses toutes activités syndicales, peu lucratives, qui le détournent de la mise en scène.

A cette même période, Camille de Morlhon émet une protestation contre les mesures de censure prises sur les deux films *L'Homme du large* (Marcel L'Herbier, qui ne sera membre de la SAF qu'en 1928) et *Li-Hang le cruel* (Edouard-Emile Violet, membre de la SAF depuis l'origine). Il est présent dès qu'une atteinte à la liberté des créateurs se fait jour, sous quelque forme que ce soit, et même pour défendre des cinéastes dont il ne partage pas le point de vue esthétique. Cependant, le 23 janvier 1922, Camille de Morlhon prend la décision de quitter la présidence de la Société des Auteurs de Films. Il estime avoir assez agi dans le domaine qui était le sien et préfère ne rester qu'en tant que membre du comité. C'est donc Henri Pouctal après avoir travaillé auprès de lui durant trois ans, qui accepte le poste à sa demande. Cinq jours après, Henri Pouctal meurt subitement frappé par une congestion cérébrale. Au début du mois de février 1922, c'est Michel Carré qui est nommé Président.

A la fin de 1922, Camille de Morlhon tourne Tote le dernier film de sa société Films Valetta. Il s'agit d'une comédie de première partie, sous-titrée "suite de tableaux cinématographiques". Les acteurs sont quasiment des débutants ou tournent pour la première fois avec le cinéaste : Installée à Marseille depuis 1918, la *Phocéa-Film* a produit des films exclusivement dans la région, bien qu'ayant une édition nationale. Bien que *Tote* soit produit par l'auteur-cinéaste, le film a été tourné sur place et les interprètes font partie de la troupe de Georges Champavert. La bande se situe dans le prolongement des autres films de Camille de Morlhon, narrant l'éveil amoureux de Tote, 16 ans, avec André, son jeune ami sous forme de saynettes et se déroule dans un milieu aisé. Nous sommes dans l'esprit des comédies légères de l'époque Pathé : La sortie du film dans le circuit confidentiel d'une maison régionale montre l'isolement du producteur-cinéaste maintenant contraint d'assurer ses revenus par d'autres moyens que ceux de faire des films.

A partir de 1923, il s'engage dans un exercice ingrat, mais qui lui permet de survivre: celui de scénariste ou adaptateur, le plus souvent de manière anonyme. Par ailleurs, en complément de sa carrière de cinéaste, il compose des intertitres de films étrangers. Il commence par l'adaptation du roman de Frédéric Soulié, *La Closerie des Genêts* d'André Liabel avant de collaborer avec Donatien sur *Pierre et Jean* d'après le roman de Guy de Maupassant, suivie de l'adaptation du *Château de la mort lente* d'après la pièce d'André de Lorde et Henri Bauche. Le réalisateur, qui n'a jamais eu de curiosité pour le fantastique et l'épouvante feint de s'intéresser désormais à ce sujet. Il s'agit vraiment cette fois-ci d'un travail de commande, purement alimentaire tant l'esprit du film est éloigné de son univers. Morlhon passe d'un sujet à l'autre: *Mon curé chez les riches* et *Mon curé chez les pauvres* d'après Clément Vautel, est l'occasion d'élaborer un scénario d'après un roman à succès édité l'année précédente, avant *Simone*, totalement imprégnée de la personnalité du réalisateur-décorateur-acteur Donatien.

Si Camille de Morlhon continue toujours son travail avec Donatien de manière plus ou moins anonyme, une nouvelle voie s'ouvre néanmoins à lui: en juillet 1927 la Franco-Film l'accueille, en même temps que Donatien qui devient l'un des cinéastes-maison. Camille de Morlhon est à la tête du Service littéraire de la société, lisant, étudiant ainsi les scénarios des cinéastes: Donatien, Raymond Bernard, Gaston Roudès, Léon Mathot, André Liabel, Jean Durand, Gaston Ravel, Tony Lekain et Léonce Perret.

Au même moment, il achève l'écriture de *Miss Edith, Duchesse*, comédie endiablée et ultime scénario avec Donatien qui se prépare à quitter le cinéma. En 1929, Camille de Morlhon signe des articles controversés, de mai à décembre dans *Ciné-Comœdia* et *Ciné-Journal*, et demeure totalement absent de la scène cinématographique. Ce n'est qu'en novembre suivant que l'on retrouve le nom de Camille de Morlhon dans la presse. Il amorce à ce moment une série d'éditoriaux pour *Ciné-Journal*. Morlhon va ainsi tenir sa rubrique tous les quinze jours, jusqu'en juillet 1930, soit dix-sept textes avec des sujets centrés sur différents problèmes du cinéma.

Ces éditoriaux furent un élément déterminant dans la carrière de Camille de Morlhon, d'autant plus que *Ciné-Journal* était une revue corporative très connue et que les controverses agitant la profession étaient suivies d'articles. D'autre part, l'arrivée du parlant a provoqué un réel séisme qui se traduit dans la presse. Morlhon se nourrissait alors de son emploi à la Gaumont-Franco-Film-Aubert, mais aussi de son expérience de cinéaste et de producteur indépendant pour lancer des idées, faire des propositions pour amender la situation du cinéma français. La teneur de ces écrits dénote une force d'indépendance, une vision constructive de l'avenir et surtout le refus du repli sur soi même, belle leçon pour les jeunes cinéastes d'un pionnier du cinéma français.

Il s'occupe activement de la profession cinématographique puis tourne son dernier film en 1929 chez Gaumont. *Roumanie, terre d'amour* réalisé sur les lieux mêmes du sujet fort banal (De deux hommes, Radu et Floréa, la jeune Roumaine Zanfira ne choisit pas le plus digne de son amour. Radu l'abandonne alors qu'elle est sur le point d'être mère. Floréa retrouve Zanfira dans un hôpital où elle a échoué après cinq années de misère et de privations) souffre de l'interprétation des comédiens français et roumains, de la version sonore bancale faite après coup. Le film est un grave échec cinématographique, critique et public. Camille de Morlhon ne s'en remettra pas.

Pendant la guerre, il cherche néanmoins à placer des scénarios, notamment à la Continental où il est en contact avec Jean Dréville, son assistant sur le tournage de *Roumanie, terre d'amour*. Camille de Morlhon reste le plus souvent chez lui. Sa mauvaise santé ne lui permet plus de travailler correctement; il préfère renoncer à mettre en chantier d'autres scénarios mais participe à quelques réunions de l'AAF et jusqu'à la libération se consacre à la lecture.

Après la guerre, Camille de Morlhon ne se déplace pratiquement plus: il correspond régulièrement avec les membres de l'AAF (Raymond Bernard, Carlo Rim, René Clair, André Berthomieu, Charles Burguet, Claude Autant-Lara) qui tous le remercient de sa sollicitude à l'égard de son activité pour l'Association qu'il a créée.

Dans un courrier daté du 10 décembre 1945 adressé à Marcel Pagnol (comportant en annexe ses corrections en vue de la réorganisation de l'AAF), il évoque sa situation:

(...) Que mon âge soit mon avocat auprès d'eux: je vais entrer en effet dans ma soixante dix huitième année et les dernières restrictions d'électricité (de chauffage dans mon cas) m'obligent à prendre des précautions que mon état de santé actuel exige et que des sorties le soir rendraient vaines. J'ai remanié mon rapport pour n'y mettre que l'essentiel afin qu'il ne soit pas trop long; mais je vous serai reconnaissant avant de le communiquer à nos collègues de leur dire ce que je vous ai déjà exprimé à vous même: que seul l'intérêt de notre Association m'a guidé dans cette intervention à laquelle n'a été mêlé le moindre souci personnel

Malgré tous ces efforts pour la vitalité de l'association dont il est le fondateur, Camille de Morlhon éprouve, à l'aube de ses quatre-vingt ans de réelles difficultés financières. Il a toujours refusé de percevoir une retraite, en s'efforçant de vivre avec ses propres finances. Désormais, il en fait part à son entourage et tout d'abord à l'AAF, ce qui lui vaut un encouragement de la part de Raymond Bernard :

(...) Croyez bien que la situation injuste qui vous était faite m'a longtemps beaucoup préoccupé (...) Il fallait, rue Ballu, batailler contre une routine et quelques préjugés que beaucoup de bonnes volontés eurent cependant de la peine à dissiper. Lorsque j'ai quitté mon poste actif, vos droits n'étaient plus discutables. La question a été réglée après un dernier effort de mise au point. Elle ne pouvait pas ne pas l'être. Ne pensons plus, et vous surtout, ne pensez plus aux difficultés qui maintenant se pensent dans le passé. Je serais tout particulièrement heureux de vous savoir en parfaite santé et sans soucis.

Après avoir bataillé depuis 1917 pour une association internationale des auteurs, Camille de Morlhon est récompensé peu de temps avant sa disparition: il corrige avec le Président Carlo Rim le rapport moral de l'AAF et consacre plusieurs pages aux trois mentions votées à l'unanimité par la Fédération internationale des auteurs de films, dont le Congrès s'est tenu à Cannes du 2 au 4 mai 1952. Outre l'insistance sur l'indépendance des créateurs intellectuels, il est mentionné que «les auteurs doivent également conserver un contrôle absolu et sans limites sur l'intégrité de leurs œuvres, en vertu de leur droit moral, incessible et perpétuel». D'autre part, les autres mentions évoquent le cas des films en co-production, puis la convention universelle pour la protection des œuvres littéraires et artistiques. La majeure partie des points discutés ont été depuis la création de la SAF le fer de lance de l'auteur-réalisateur, fondateur de la première société des droits d'auteurs de cinéma au monde. Sa perpétuelle impatience se voit ainsi récompensée au moment même où il quitte la scène.

Il termine sa carrière en travaillant avec René Jeanne sur des pièces radiophoniques. Il meurt oublié. D'obédience légitimiste, Morlhon était toujours en contact avec les personnes proches du pouvoir législatif et n'a cessé tout au long de sa carrière de défendre sa corporation et la création cinématographique. Son esprit typiquement dix-neuvième n'a pas résisté à la révolution du parlant.

Deux ans avant son décès, il reçoit ce courrier de Pathé au sujet de sa retraite:

Vincennes, le 4 décembre 1950. Suite à votre demande relative à Monsieur de Morlhon, qui aurait travaillé à la Société Pathé-Cinéma de 1908 à 1919, comme réalisateur, nous ne pouvons, en l'absence d'une carte au bureau du personnel, que vous donner les indications suivantes trouvées à notre caisse:- paiement de 3 mois en 1919 à raison de Frs: 3.000 par mois- (...) paiement 1 mois en 1920 -Frs: 3.000. (redevance).[15]

Louis Camille Adrien Edouard de la Valette de Morlhon décède presque sans ressources, le 24 novembre 1952, au 76 boulevard Serrurier, Paris dix-neuvième.

Notes

1 De son vrai nom Camille de la Valette, de Morlhon était vicomte, originaire du Rouergue-Vivarais. Les armoiries comportaient un gerfaut d'argent, un Lion d'or et... une croix de Malte!

2 N°19, 4 mai 1912, p. 34.

3 N°33, 11 octobre 1912.

4 Au-dessus de l'actuel restaurant Julien qui à l'époque était l'un des bouillons du quartier.

5 Déposé à la Cinémathèque française en 1948, avec de nombreux documents tels que scénarios, découpages, listes de films, poésies, etc...

6 Tous les chiffres donnés dans ce texte sont issus du Cahier de régie des Films Valetta et du Rapport des bandes depuis la création des films Valetta (coll. Mme Christiane de la Valette de Morlhon).

7 Film toujours considéré perdu en 2016.

8 Voir le Fonds Abel Gance, Bibliothèque Nationale, département des Arts du spectacle.

9 A signaler qu'un autre cinéaste français, Félix Vanyl, avait déja tourné sur place pour Pathé (Sarga csiko) et que l'arrivée de Morlhon à Budapest correspond aux débuts de Mikael Kertesz, futur Michael Curtiz.

10 Sans que cela soit inscrit dans les textes, et ce jusqu'à sa dissolution en 1984.

11 *L'Evolution de l'Industrie Cinématographique Française, destinée aux Auteurs, Scénaristes, Metteurs en scène, Opérateurs et Artistes*, Editions Pathé frères, Vincennes, mai 1918.

12 Ivi, p.11.

13 *Hebdo-Film* n°40, 2 octobre 1920, pp.4-14, n°41, 9 octobre 1920, pp.1-9.

14 *Hebdo-Film* n°41, 9 octobre 1920, pp. 8-9.

15 Source : document Fonds Camille de Morlhon, La Cinémathèque française.

IL RESTAURO DI *LE FER À CHEVAL*

Giandomenico Zeppa

Le fer à cheval (1909) di Camille de Morlhon è stato restaurato dalla Fondation Jérôme Seydoux Pathé e dall'Associazione Culturale Hommelette di Trieste, a partire da una copia positiva nitrato colorata con il metodo *pochoir*, tipica delle produzioni Pathé dell'epoca. Il film si presentava in un rullo di pellicola originale Pathé da 125m, una copia unica che ha conservato delle colorazioni intatte.

Purtroppo l'inesorabilità del tempo ci ha consegnato un supporto affetto da decadimento fisico e chimico diffuso. Al momento dell'arrivo nel laboratorio di restauro, difatti, per circa il 70% il rullo era colliquato, per cui non era completamente svolgibile. La colliquazione interessava principalmente l'area centrale dell'immagine. Il primo intervento di restauro è stato quello di bloccare immediatamente questo decadimento. La pellicola è stata dunque sottoposta a trattamento chimico essicante con lo scopo di distaccare le spire incollate senza creare ulteriori danni fisici. Per circa un mese e mezzo il rullo è rimasto in una campana di vetro, poggiato su una base traforata, al di sotto della quale è stato posto del *gel di silice*. I vapori del gel agiscono sul supporto filmico asciugando la colliquazione e rendendo dunque le spire di pellicola di nuovo svolgibili. Dopo il trattamento, il decadimento si presentava secco ma non si era ancora arrestato del tutto, e tendeva invece a riattivarsi. Per evitare che le spire potessero nuovamente incollarsi tra loro, la pellicola è stata posta di nuovo nella campana essicante e riavvolta con le spire meno strette in modo che non aderissero tra loro. Il rullo è stato monitorato frequentemente, svolgendolo e riavvolgendolo. Durante questa seconda fase è stato possibile portare a termine la riparazione fisica del film: sistemazione delle perforazioni, ricostruzione delle lacune puntuali di supporto e irrobustimento delle giunte. La pellicola era ora in grado di passare allo scanner.

La scansione digitale è stata eseguita a risoluzione 2K, utilizzando un sistema di trascinamento che non stressasse la pellicola: tale sistema non prevede l'uso di griffe né di rocchetti dentati, tutelando così lo stato fisico del supporto.

Una volta digitalizzato, il film è stato acquisito nelle macchine per il restauro digitale *tout court*. Nel rispetto dell'età dell'opera, questo intervento è stato il più possibile rigoroso e poco invasivo. Innanzitutto ci si è occupati della stabilizzazione dell'immagine, per compensare una leggera instabilità creata durante la scansione a causa del restringimento del supporto nitrato. Successivamente è stato ridotto il pompaggio luminoso, intervenendo principalmente sulle variazioni di densità dovute al decadimento dell'emulsione. Infine sono stati rimossi i danni da usura: spuntinature e graffi generati in proiezione, polvere attratta dall'elettricità statica che la pellicola genera.

Fase successiva: la correzione del colore. La prima proiezione in sala di *grading* ha evidenziato che si trattava di una copia *pochoir* i cui colori mantenevano ancora inalterata la trasparenza originaria, che in proiezione li rendeva così vividi e intensi. La perfezione dei bordi colorati e l'omogeneità delle tinte svelano il procedimento utilizzato per la colorazione di *Le fer à cheval*:

Nel 1908 la versione definitiva del sistema *pochoir* meccanico è pronta. La macchina per ritagliare la matrice era di grande precisione. Ogni fotogramma veniva ingrandito su un vetro opaco. L'operatore seguiva il contorno dell'immagine che doveva essere ritagliata con una punta mozza, collegata ad un pantografo che comandava lo strumento che ritagliava la matrice. Il film proiettato e quello da ritagliare erano trascinati da un meccanismo a griffe molto preciso. La macchina per colorare le copie positive permetteva di trascinare matrice e copia positiva in sincrono perfetto, utilizzando un rocchetto dentato. A contatto con esse vi era un nastro di velluto senza fine che riceveva il colore da un serbatoio[1].

Oggi la moderna post-produzione cinematografica considera la correzione del colore, ovvero l'intervento sulla fotografia del film, una fase del processo artistico che permette di intervenire a livello estetico e narrativo. Nel restauro invece questa creatività lascia spazio alla filologia e all'investigazione. Non si restaura la materia ma l'epifania di essa. Nel caso del *pochoir*, lo scopo è quello di restituire al film i colori, la luminosità e i contrasti originali. Ci guida in questo lavoro filologico l'unico testimone sopravvissuto del film: la copia d'epoca, oggetto del restauro.

Nonostante i problemi legati al decadimento del supporto, le colorazioni originali a base anilina si sono conservate nel tempo quasi immutate. Costituiscono dunque un riferimento diretto da riprodurre in fase di *grading* digitale emulando l'intensità e le sfumature delle tinte. Trattandosi di un positivo su supporto nitrato non proiettabile, si avrà bisogno di un tavolo passafilm da installare nella sala di lavoro, per poter svolgere e controllare l'originale inquadratura per inquadratura. Lo sguardo si alternerà tra la visione del fotogramma (attraverso una lente) e la proiezione del materiale digitale sullo schermo per riprodurre fedelmente i colori presenti da quasi un secolo sul supporto filmico.

Il colore sui fotogrammi viene osservato in passafilm tramite una diascopia, utilizzando un sistema calibrato di retro illuminazione della pellicola nel tentativo di avvicinarsi il più possibile a quella che si suppone fosse la proiezione d'epoca.

Ultimo passaggio, la produzione di nuovo materiale filmico in 35mm: i fotogrammi digitali sono stati trascritti su pellicola (*film recording*) generando un internegativo di conservazione e una copia positiva per la proiezione.

Note

1 Gian Luca Farinelli, Nicola Mazzanti (a cura di), *Il cinema ritrovato. Teoria e metodologia del restauro cinematografico*, Grafis Edizioni, Bologna, 1994, p. 55.

1909: *LE FER À CHEVAL* E NON SOLO

Alice Rispoli

Il 1909 è già un anno di bilanci che prefigurano una certa crisi produttiva di una società che fino ad allora era stata in continua espansione.

Il 2 febbraio si riunisce il Congresso Internazionale dei Produttori e Distributori di film, sotto la presidenza di Georges Méliès. Lo standard della pellicola 35 mm "Edison" è definitivamente adottato. Ma il Congresso è anche il "Congresso degl'ingannati": i produttori europei non riescono ad unirsi a fianco di Eastman per la lotta contro le pretese egemoniche di Edison. Il sistema di noleggio / distribuzione è definitivamente stabilito. Ciò significa la fine a breve termine delle esportazioni. Inizia così un periodo di egemonia della produzione americana[1]. Ma nel 1908 il capitale della Pathé ammontava a 5 milioni di franchi e l'officina di Joinville-le-Pont produceva 100 chilometri di pellicola positiva al giorno, una quantità che riuscirà a soddisfare la richiesta di noleggio e di vendita di tutte le succursali successivamente installate in tutto il mondo[2].

La moltiplicazione delle sale cinematografiche con esclusiva dei suoi film porta Pathé a fondare il *Pathé-Journal*, prima rivista settimanale d'attualità filmata.

L'anno dopo la Pathé aveva due officine per la fabbricazione delle pellicole cinematografiche e si accingeva ad affermare il processo di verticalizzazione tra fabbricazione, produzione e distribuzione.

Il 1909 è l'anno in cui la durata delle pellicole comincia ad allungarsi anche grazie ad alcuni accorgimenti tecnici: il tremolio dell'immagine è attenuato dal perfezionamento delle perforatrici e i film possono superare così i 15 minuti di massima delle produzioni di quegli anni[3].

La Pathé deve puntare sulla qualità dei nuovi soggetti cinematografici e nel 1908 Paul Lafitte fonda La Film d'Art, che, in seguito a un accordo con Charles Pathé in veste di distributore, si dedica alle produzioni di stampo storico con raffinati e più costosi scenari. Il capitale di questa società passerà da 250.000 a 750.000 franchi in un solo anno. Proprio nel 1909 viene rinnovato l'accordo: l'azienda garantisce i costi di stampa dei positivi fino a un centinaio all' anno. Charles Pathé è il responsabile per la vendita e le due società dividono i profitti[4].

Nel 1908, la Film d'Art realizza per la Pathé le sue due prime produzioni: *L'Empriente o la main rouge* (Paul Henry Burguet) e, soprattutto, *L'Assassinat du duc de Guise* (Charles Le Bargy e André Calmettes). Nello stesso anno si costituisce la SCAGL - Société Cinématographique des Auteurs et Gens de Lettres, con una compagnia formata da attori della Comédie Française. Pathé sceglie i soggetti e assume la direzione artistica. La società raggiunge il punto culminante proprio nel 1909 quando produce il primo lungometraggio francese: *L'Assomoir* realizzato da Albert Capellani, in copie della lunghezza di 740 metri. Sono anni in cui cominciano ad affermarsi produzioni di matrice letteraria, soprattutto drammi di genere storico. Negli anni precedenti la critica aveva cominciato ad esprimere un'insoddisfazione per i soggetti cinematografici, che riteneva troppo puerili nelle comiche e troppo "stupidamente piagnucolosi"[5] nei drammi. Con il già citato *L'Assassinat du duc de Guise*, del 1908 si assiste a un'evoluzione del soggetto cinematografico verso il "film d'arte", che rivoluzionerà il cinema mondiale[6].

È anche il momento in cui si affinano le tecniche della colorazione delle copie. Dal 1909, infatti, il numero delle copie colorate aumenterà in modo significativo: oltre un centinaio all'anno. Nel 1906 sono in corso gli studi per meccanizzare la colorazione. Un primo prototipo viene costruito il 22 ottobre di quell'anno, ma è all'inizio del 1908 che vengono presentati due brevetti: uno per il ritaglio delle matrici e il secondo per colorare le pellicole con sistema a scorrimento continuo del *pochoir* e della colorazione delle copie. Ma è nel gennaio del 1910 che la tecnica del ritaglio sarà industrializzata. D'ora in poi, il sistema è perfezionato e fino al 1914 gran parte delle produzioni Pathé sarà a colori[7].

La copia che vi proponiamo è da considerare un prezioso ritrovamento, in quanto a oggi sembra essere l'unica esistente. La versione è in italiano, con didascalie prive del logo Pathé, e lacunosa di pochi secondi finali. Colorata a *pochoir,* la copia venne distribuita con certezza in Francia, Italia e Stati Uniti.

Nella scena 13 una panoramica segue il personaggio in un campo lungo: il cavaliere sta scappando e la M.D.P. esegue un movimento da destra verso sinistra. I movimenti di macchina in esterni erano già presenti nei film, ma si dovranno proprio alla Pathé le prime carrellate in ambienti interni[8].

Gli interpreti rimangono a oggi non identificati ma si nota una somiglianza tra l'attore che interpreta il cavaliere protagonista del film e il regista Albert Capellani. Nelle biografie del regista non si è trovato nessun nesso con *Le fer à cheval* e, anzi, l'unico film in cui recita sembra essere *Oh Boy*, da lui stesso diretto nel 1919. Ma il sodalizio di Capellani con la Pathé risale già al 1905, quando inizia una prolifica carriera che lo porterà a diventare uno dei registi di punta della Casa francese[9]. L'ipotesi è azzardata, è vero, perché non può essere al momento confermata in alcun modo, ma rimane una straordinaria somiglianza che lascia supporre che Capellani abbia interpretato il film. Il marchio della Pathé (il famoso gallo) era spesso riconoscibile nelle scene dei film, frequentemente posto tra i decori degli interni. Nei film composti da più scene non era raro vederlo apparire ad ogni cambio di scenografia. In *Le fer à cheval* si può scorgere sotto la finestra della camera da letto della protagonista (vedi Tavola VI).

Nella scheda tecnica sono indicati due metraggi originali differenti. Due diverse fonti indicano due differenti motivazioni: Maurice Gianati fa riferimento al fatto che le copie colorate erano più corte dal 10% fino al 30% rispetto a quelle in bianco e nero[10]; nel *Catalogue des films projetés à Saint-Etienne avant la première guerre mondiale* di Frédéric Zarch si indica il metraggio originale di 180 mt, di cui 160 colorati[11]. La nostra copia è colorata sia nelle scene che nelle didascalie e solo il titolo appare in bianco e nero.

Scheda tecnica e découpage

Titolo copia: *Il ferro di cavallo*.
Titolo originale: *Le fer à cheval*
Titolo alternativo: *Horseshoe*
Soggetto e regia: Camille de Morlhon
Produzione: Pathé Frerés
Lunghezza della copia: 140 mt.
Lunghezza originale: 180 mt. (B/N); 160 mt. (colorata)
Supporto: nitrato 35mm
Colorazione: *pochoir*

Sinossi: Una fanciulla (la principessa Alliette) vive annoiata e sola nel suo castello e solo l'amore di un uomo potrà liberarla. Le viene in aiuto un amorino che le regala un ferro di cavallo come portafortuna, ma delusa dalla mancanza di effetti sortiti dall'amuleto, in un momento di rabbia, lo getta dalla finestra colpendo un principe (Charmant de Monplaisir) che stava fuggendo da alcuni briganti che lo avevano rapito. Da questo incontro potrà nascere l'amore e avverarsi la profezia dell'amorino.

Di seguito il film suddiviso per inquadrature:

Titolo: Il Ferro di Cavallo

Scena 1 INT. GIORNO, Campo Medio. Alliette sola nella sua stanza da letto, guarda annoiata da una finestra. Si ritrae poi sedendosi su una poltrona e addormentandosi.

Scena 2 INT. (GIORNO?), CM. Alliette sogna di ballare tra gruppo di dame e cavalieri in un salone.

Scena 3 INT. GIORNO, CM. Alliette si sveglia e si ritrova nella sua stanza. Si accorge che ha sognato e si appresta annoiata a ricamare su un tombolo, quando arriva alle sue spalle un amorino e le mette la mano sopra il capo pronunciando alcune parole. Appena lei si accorge della sua presenza, lui scompare.

Didascalia 1 "Nel castello vicino. Partenza per la caccia"

Scena 4 - Inq. 1 EST. GIORNO, Campo Lungo. Cinque uomini a cavallo galoppano allontanandosi da un castello.

Scena 4 - Inq. 2 EST. GIORNO, CL. Gli stessi uomini intraprendono un sentiero.

Scena 4 - Inq. 3 EST. GIORNO, CL. Allontanatisi i cavalieri, l'amorino compare e raccoglie il ferro che un cavallo ha perso al galoppo.

Scena 5 EST. GIORNO, CM. Il principe Charmant è rimasto solo e si accorge che il suo cavallo ha perso un ferro. Tenta di richiamare il suo gruppo, che però si è allontanato. Deve quindi proseguire da solo.

Scena 6 - Inq. 1 EST. GIORNO, CM. Dei briganti si appostano dietro gli alberi del bosco attendendo il principe. Al suo arrivo lo catturano. L'uomo tenta di difendersi ma deve arrendersi e seguirli.

Scena 6 - Inq. 2 EST. GIORNO, CM. Il gruppo raggiunge un rudere, dove il principe viene fatto prigioniero.

Scena 7 EST. GIORNO, CM. Gli amici del principe cominciano le ricerche a cavallo, tra le radure dei boschi. Anche due donne si sono unite al gruppo.

Scena 8 EST. GIORNO, CM. Alliette passeggia nel parco del suo castello e s'imbatte nell'amorino tramutatosi in statua. Lei lo supplica di aiutarla e lui si manifesta con sembianze umane e le dà il ferro di cavallo come portafortuna. La fanciulla lo prende tra le mani, lo bacia, lo porta al cuore mentre l'amorino ridiventa nuovamente una statua.

Didascalia 2 "L'evasione"

Scena 9 - Inq. 1 EST. GIORNO, CM. Mentre i Briganti bevono del vino, l'amorino appare e getta delle erbe magiche nella loro brocca. I briganti cadono in un sonno profondo. Il principe ne approfitta così per fuggire.

Scena 9 - Inq. 2 EST. GIORNO, CL. Charmant si aggira per i ruderi e si allontana. Qui la cinepresa esegue una panoramica, inquadrando il personaggio in campo lungo, con un movimento di macchina da destra verso sinistra.

Didascalia 3 "Ultimo giorno d'attesa"

Scena 10 - Inq. 1 EST. GIORNO, CM. Alliette si aggira nella stanza con impazienza. In un momento di sconforto, stizzita, prende il ferro di cavallo e lo getta dalla finestra.

Scena 10 - Inq. 2 EST. GIORNO, CM. Il principe, in fuga dai briganti, viene colpito dal ferro di cavallo mentre passa proprio sotto la finestra.

Scena 10 - Inq. 3 INT. GIORNO, CM. Alliette dalla sua stanza si accorge dell'accaduto e chiama la sua domestica.

Scena 10 - Inq. 4 EST. GIORNO, CM. La principessa e la domestica corrono in soccorso del cavaliere.

Didascalia 4 "Confessione"

Scena 11 INT. GIORNO, CM. Il principe ha una benda attorno al capo e dorme sulla poltrona nella camera da letto della fanciulla, mentre quest'ultima lo osserva avvicinandosi timidamente in punta di piedi. L'amorino le appare improvvisamente, con in mano il ferro di cavallo e le spiega il suo incantesimo: quel portafortuna l'avrebbe condotta tra le braccia del suo innamorato. Il principe si sveglia, i loro sguardi sorridenti s'incrociano e lui le bacia delicatamente la mano.

Note

1 Vincent Pinel in *L'Avant-Scène Cinéma - Les Pionniers du Cinéma Français (1895-1910)*, n. 334, novembre 1984, p. 16.
2 Charles Pathé, *De Pathé Freres à Pathé Cinéma*, Premiere Plan, Lyon, 1970.
3 Riccardo Redi (a cura di), con la collaborazione di Henri Bousquet e Livio Jacob, *Verso il centenario: Pathé*, Ed. Di Giacomo, Roma, 1988.
4 Jeaques Kermabon (sous la directione de), *Pathé premier empire du Cinéma*, ed. Centre George Pompidou, Paris, 1994.
5 George Dureau in *Ciné-Journal*, giugno 1909, cit. in George Sadoul, *Storia generale del Cinema – le origini (1832 – 1909)*, Giulio Einaudi editore, Torino, 1965.
6 George Sadoul, *Storia generale del Cinema – le origini (1832 – 1909)*, cit.
7 Jeaques Kermabon (sous la directione de), *Pathé premier empire du Cinéma*, cit.
8 Dario Tomasi, *Movimenti di macchina*, in Treccani - la cultura italiana <http://www.treccani.it/enciclopedia/movimenti-di-macchina_(Enciclopedia-del-Cinema)/>.
9 Per un maggiore approfondimento sul regista si veda Christine Leteux, *Albert Capellani, cinéaste du romanesque*, La tour verte, Grandvilliers, 2013.
10 Maurice Gianati in «L'année 1913 en France» in *1895* (numéro hors série), 1993.
11 Frédéric Zarch, *Catalogue des films projetés à Saint-Etienne avant la première guerre mondiale*, Presses Universitaires de Saint-Étienne, Saint-Étienne, 2000, p. 141.

CAMILLE DE MORLHON TRA DANZA, COMMEDIA E PANTOMIMA

Elisa Uffreduzzi

Le fer à cheval costituisce una sorta di sineddoche della filmografia di Camille de Morlhon: vi troviamo infatti già delineati i principali motivi che caratterizzeranno la sua filmografia successiva, accanto a una serie di elementi in seguito rifiutati. Se infatti i drammi storici e realistici saranno una costante dei suoi film, diversamente le comiche sentimentali, così come i film a trucchi, verranno presto abbandonati dal cineasta, alla ricerca di un proprio spazio all'interno della grande famiglia Pathé, dove comincia a lavorare nel 1908[1].

In questo senso il 1909 si pone come un anno di transizione fra le due diverse fasi del cinema di de Morlhon. Del resto anche la cesura del 1908 a distinguere una fase puramente mostrativa del muto dalla stagione "dell'integrazione narrativa"[2], non è che una convenzione (pur ampiamente motivata da una serie di peculiarità e circostanze). Non stupisce quindi che anche de Morlhon abbia vissuto la propria svolta pressoché contemporaneamente alla cesura tra i primi due periodi del muto. In questa fase intermedia anche lui come altri conserva retaggi di un cinema che si va superando e al contempo anticipa gli aspetti che avrebbero fatto la sua prossima fortuna.

In particolare nei film a trucchi riserva uno spazio speciale ai numeri di danza, che sembrano rivestire una certa importanza nel cinema di de Morlhon, forse come eredità della sua breve ma intensa fortuna sulle scene teatrali. E *Le fer à cheval* non fa eccezione. Guardare agli inserti coreutici dei film di de Morlhon – e a quello di *Le fer à cheval* in particolare – come a una mera attrazione sarebbe dunque riduttivo.

Nel film la danza costituisce un breve episodio e si configura come un'attrazione, un trucco alla maniera di Méliès. Racchiusa tra due dissolvenze incrociate, la breve scena (un'unica inquadratura fissa) è inserita all'interno della scarna diegesi in guisa di sogno: la protagonista del film (una principessa solitaria) immagina di dover ballare un minuetto senza cavaliere, accanto ad altre cinque coppie. La sequenza onirica chiaramente sta a significare la frustrazione della ragazza, che non ha ancora trovato il suo principe azzurro.

A svelare l'identità della danza sono in primo luogo i costumi – sufficienti a delineare un'epoca, la prima metà del Seicento – e in secondo luogo i passi, piccoli e in ritmo ternario, come si conviene a un minuetto. Nato in Francia come danza popolare, nel periodo barocco il minuetto si mutò in danza di corte, grazie al compositore Jean-Baptiste Lully (Giovanni Battista Lulli), che lo introdusse nell'*entourage* di Luigi XIV.

In un manuale di danza del XVIII secolo[3], troviamo descritta in otto lezioni la concatenazione dei passi del minuetto francese, verosimilmente nella forma aristocratica, ampiamente diffusa nel Settecento. Stando a questa descrizione, quello che vediamo nel breve frammento coreografico di *Le fer à cheval* è l'inizio della danza: i saluti – ovvero la presentazione dei due partner di danza l'uno di fronte all'altra – quindi l'*incipit* della danza vera e propria, con la cosiddetta «conduite de la Dame au carré du menuet»[4]. La descrizione settecentesca sembra quindi fugare ogni dubbio riguardo alla tipologia di ballo.

Del resto è nota l'attenzione del regista francese per i dettagli filologicamente corretti della messa in scena, a fronte di una lettura piuttosto libera e fantasiosa della storia[5].

In altre parole la cura di un dettaglio trascurabile ai fini della narrazione (l'esattezza coreografica) tradisce la precisa volontà di sorvegliare la forma e allo stesso tempo funziona da compendio di uno stato d'animo (la malinconia) e di una situazione (la solitudine), che altrimenti avrebbero richiesto numerosi quadri per essere spiegati. La danza di coppia invece, con il suo forte valore iconico (letteralmente, è fatta di figure oltreché di passi), è sufficiente a restituire questo complesso groviglio semantico, grazie a una semplice immagine: la principessa che balla da sola.

Del resto che l'elemento coreutico rivestisse particolare importanza per de Morlhon è dimostrato dal fatto che anche in altri film del regista la danza è protagonista di scene significative. Tra questi *Cagliostro, aventurier, chimiste et magicien* (co-diretto con Gaston Velle, nel 1910) e soprattutto *Sémiramis* (1910), entrambi interpretati da Stacia Napierkowska, celebre danzatrice prima che attrice del cinema muto. Napierkoska faceva parte in pianta stabile della Pathé Frères, che in seguito avrebbe abbandonato per la Film d'Arte Italiana. In *Sémiramis* interpretava una danzatrice babilonese e la partitura coreografica veniva valorizzata dalla scenografia opulenta e dall'accorta composizione dell'inquadratura, tanto che proprio il lusso della messinscena e l'ardita danza destarono scalpore: «on y voyait entre autres "clous" un ballet danse sur les bords et dans l'eau d'une piscine, ballet qui, sauf erreur, doit constituer la premiere apparition sur l'ecran des "bathing-girls" dont Mack Sennett devait quelques années plus tard faire si grand usage»[6].

In *Cagliostro* Napierkowska vestiva invece i panni della zingara-danzatrice, ruolo ricorrente nella sua filmografia ed era impegnata in due danze[7].

La presenza di una ballerina professionista – di formazione classica, poi abbandonata per una concezione coreutica più personale e improntata al modernismo coreutico – dovette avere una certa influenza sulla costruzione delle coreografie e dunque sulla loro importanza.

In *Le fer à cheval* le circostanze sono però sensibilmente differenti: stavolta a danzare non è Stacia Napierkowska e il ballo in questione è una danza di società del periodo barocco. Nondimeno l'attenzione per una ricostruzione storicamente attendibile della coreografia rivela l'importanza che la sequenza onirica doveva avere, non solo per de Morlhon e le sue aspirazioni autoriali, ma per l'intera casa di produzione. La coreografia inscrive infatti il film nella tradizione del *ballet-pantomime* (o *ballet d'action*), una forma di spettacolo narrativo, a metà tra il mimo e la danza. Nato all'inizio del XVIII secolo, esso costituisce il diretto antecedente del balletto romantico ed è basato sul principio della danza come arte imitativa. Jean-Georges Noverre, insieme a Gasparo Angiolini uno dei principali maestri del genere, ne enunciò le caratteristiche nelle sue *Lettres sur la danse* (1760), dove peraltro asseriva che la musica per minuetto uccideva in lui ogni creatività[8]. Nello stesso trattato il maestro sosteneva: «le Ballet est, suivant Plutarque, une conversation muette, une peinture parlante et animée qui exprime par les mouvements les figures et les gestes»[9].

Parole che si addicono perfettamente anche all'arte muta del cinematografo, suggerendo una forte affinità stilistica tra le due forme artistiche. In questo senso il film nel suo complesso si profila come forma speculare al *ballet d'action* e non sorprende dunque che quello del *ballet-pantomime* fosse uno dei generi di punta della Pathé, intorno al 1909[10]. Proseguendo su questa strada interpretativa, la sequenza onirica si pone allora alla stregua dell'intermezzo coreutico della *comédie-ballet*[11], accogliendo al suo interno una parentesi coreografica e una narrazione lievemente eccentrica rispetto alla trama principale. Recupera cioè al racconto-cornice (nel segno del *ballet-pantomime*) i tratti di una forma di spettacolo precedente (la *comédie-ballet*). In ultima analisi de Morlhon ripropone in termini coreografici la stessa dicotomia che si situa tra cinema narrativo e cinema delle attrazioni.

In una manciata di secondi si delinea un vero e proprio effetto di *mise en abîme*: la micro-storia della principessa costretta a ballare da sola, introduce una danza non imitativa – il minuetto – che però è funzionale al ritratto fedele di una società, quella di corte del primo Seicento. *Le fer à cheval* rivela così una semantica coreutica ben più complessa dei pochi passi che mostra e implicitamente ci parla del raffinato modo di fare cinema di de Morlhon.

Note

1 Cfr. Eric Le Roy, *Camille de Morlhon, homme de cinéma (1869-1952)*, Editions L'Harmattan, Paris, 2000.

2 Vd. André Gaudreault, *Cinema delle origini o della "cinematografia-attrazione"*, Milano, Il Castoro, 2004; Tom Gunning, *Attractions, truquages et photogénie: l'explosion du présent dans les films à truc français produits entre 1896 et 1907*, in *Les Vingt Premières Années du cinéma français*, Michele Lagny, et al. (a cura di), Presses de la Sorbonne Nouvelle, Paris, 1995, pp. 177-194; Noël Burch, *Il lucernario dell'infinito. Nascita del linguaggio cinematografico*, Il Castoro, Milano, 2001.

3 *Nouvelle methode pour apprendre l'art de la danse sans maître. Contenant la description du menuet français, menuet congo, allemandes à deux, trois & quatre, valx, sur toutes les regles, & de tous les mouvemens qui servent à composer la figure des contre-danses françaises & allemandes. Par le sieur Brives, maître de danse*, (imprimeur inconnu), Toulouse, 1779.

4 Ivi, pp. 12-13. Guida della dama nel quadrato del minuetto (traduzione dell'autrice). Nella citazione in francese, la grafia originale secentesca è stata modernizzata per agevolare la lettura e la comprensione del testo.

5 Cfr. E. Le Roy, *Camille de Morlhon...*, cit., pp. 38-41.

6 René Jeanne, Charles Ford, *Histoire encyclopedique du cinéma, vol. I - Le Cinéma Français 1895-1929*, Robert Laffont, Paris, 1947, 7a edizione, p. 82. Vi si vedeva, tra gli altri "clous", un balletto-danza sui bordi e dentro l'acqua di una pisci-

na, balletto che, salvo errore, deve costituire la prima apparizione sullo schermo delle "bathing-girls" di cui Mack Sennett doveva fare grande uso, qualche anno più tardi. (Traduzione dell'autrice).

7   Cfr. Guy Borlée, Roberto Chiesi (a cura di), *Il Cinema Ritrovato 2010. 24a edizione* (catalogo della mostra), Cineteca del Comune di Bologna, Bologna, 2010, p. 132. Cfr. anche Alice Autelitano, Alessandro Cavazza (a cura di), *Il Cinema Ritrovato 2015, XXIX edizione* (catalogo della mostra), Cineteca di Bologna, Bologna, 2015, pp. 86-87. Cfr. anche il sito web ufficiale della Cineteca Nazionale, alla pagina: <http://www.fondazionecsc.it/news.jsp?ID_NEWS=2557&areaNews=8&GTemplate=news.jsp>.

8 Jean Georges Noverre, *Lettres sur la danse, et sur les ballets, par M. Noverre , maître des ballets de son Altesse sérénissime monseigneur le duc de Wurtemberg, & ci-devant des théatres de Paris, Lyon, Marseille, Londres, &c.*, Aimé Delaroche, Lyon, 1760, p. 400. Nella citazione in francese, la grafia originale settecentesca è stata modernizzata per agevolare la lettura e la comprensione del testo.

9 Ivi, p. 120. Il balletto è, d'accordo con Plutarco, una conversazione muta, una pittura parlante e animata che [si] esprime attraverso i movimenti, le figure e i gesti. Nella citazione in francese, la grafia originale settecentesca è stata modernizzata per agevolare la lettura e la comprensione del testo.

10 *Charme des fleurs* (Gaston Velle, 1910) e *Dans L'Hellade* (Charles Decroix, 1909) ad esempio, sono classificati nel catalogo Pathé come "*Ballet pantomime*". Cfr. G. Borlée, R. Chiesi (a cura di), *Il Cinema Ritrovato 2010...*, cit., p. 132.

11 Il genere della *comédie-ballet* fu introdotto in Francia da Molière e Jean-Baptiste Lully, nella seconda metà del Seicento. Si trattava di commedie teatrali con intermezzi musicali e coreografici. Questi potevano anche non essere integrati con la trama principale e accoglievano al loro interno la cosiddetta danza teatrale, nettamente distinta dalle danze di società, come il minuetto. Vd. Alberto Testa, *Storia della danza e del balletto*, Gremese Editore, Roma, 2005.

BIOGRAFIE AUTORI

Giulia Barini is an independent researcher and archivist, and she is currently working with the Archivio Nazionale Cinema Impresa (CIAN) in Ivrea. She is graduated at the University of Udine in 2010 addressing his research on film conservation and restoration. She is a founding member of Associazione Culturale Hommelette.

Rossella Catanese obtained in 2012 her PhD degree in *Digital Technologies and Methods for the Research about Performing Arts*. She is adjunct professor at the Florence branch of the University of North Carolina Chapel Hill (Lorenzo de' Medici Institute) and she is also Tutor of the Academic Master in *Digital Audiovisual Restoration* at Sapienza University of Rome. She published her PhD thesis and several essays about her research topics (digital film restoration and Avant-garde cinema) and participated to some conferences in Glasgow, Madrid, Amsterdam, Rome, Naples, Milan, Gorizia, etc.

Eric Le Roy is President at the Fiaf – International Federation of Film Archives and managing director at the Collection Access, Development and Enrichment Department of Cnc - Centre National du cinéma et de l'image animée. He wrote *Camille de Morlhon, home de cinéma* - edited by L'harmattan, 1997.

Federico Pierotti teaches Film History at the University of Florence. He has been an Associate Research Scholar of the Italian Academy at Columbia University (New York) for the academic year 2015-2016, with a project on the emotional impact of colour in contemporary cinema. His books *La seduzione dello spettro: Storia e cultura del colore nel cinema* (Le Mani, 2012) and *Un'archeologia del colore nel cinema italiano: dal Technicolor ad Antonioni* (ETS, 2016, forthcoming) regard colour in film history as a central issue to modern media visual culture. His writings have been published in several journals. He participated in international conferences on Film, Media and Colour Studies.

Alice Rispoli graduated in D.A.M.S. at the Udine Univerity with a thesis on the first Sicilian film production company. After an internship at the Anim (Film archive of the Portuguese National Film Museum, in Lisbon) she collaborated with the laboratory L'Immagine ritrovata in Bologna and the association Lab80 in Bergamo. He is currently an archivist at the Cineteca del Friuli. She is a founding member of Associazione Culturale Hommelette.

Stéphanie Salmon is director of the historical collections of the Fondation Jerome Seydoux Pathé, whose mission is to preserve and promote the Pathé archive. She graduated at the Ecole du Louvre and earned a Ph.D in Economic History at the Paris I. During her studies she focused extensively on the history of the Pathé. Among her publications we should mention *Les Enfants du Paradis*, (Editions Xavier Barral, 2012), *Le Coq enchanteur* (Tallandier, 2014), *Jacques Prévert, une jeunesse au cinéma* (Fondation Jérôme Seydoux-Pathé, 2014).

Claudio Santancini works as a film restorer at the Austrian Film Museum (Vienna). After having graduated in Film Studies from the University of Bologna he worked in the field of fine arts restoration. He's studying for a degree in film preservation and conservation at the Universitiy of Udine (Gorizia), where he also worked - in different departments, from film handling and repairing to digital film restoration - at La Camera Ottica Film Restoration Lab.

Elisa Uffreduzzi is an independent scholar and lecturer at the University of Florence, where she completed her Ph.D on dance in Italian Silent Cinema. She is a contributing author to and co-editor of a special issue (n. 9, 2014) of Immagine - Note di Storia del Cinema, film journal of the Italian Association for Film History Research (AIRSC), devoted to dance in silent cinema. She is also a member of AIRSC and of the National Syndicate of Italian Film Critics (SNCCI).

Giandomenico Zeppa graduated at the University DAMS of Bologna in 1998 addressing his research on film technologies and submitting the thesis named "Intertitles in Italian silent cinema".
After graduating he starts working at the Cineteca di Bologna Film Archive where he specialized in identifying and cataloging of materials. Nowdays he's Senior Colorist at

L'Immagine Ritrovata where, for 10 years, he's been working on restoration of movies. Since 2007 holds theoretical and practical lessons on "Techniques and Methods of Restoration of Moving Picture Images" at the Fiaf Film Restoration School.

RINGRAZIAMENTI

Il progetto intorno a *Le fer à cheval* (1909) di Camille de Morlhon, deve la sua realizzazione ad alcune persone che nel corso di questi anni ci hanno aiutato a non far spegnere la fiamma "dell'avventura e dell'incantesimo".

Un grazie va innanzitutto all'editrice Silvia Tarquini e alla sua visione editoriale e umana di che cosa è il cinema.
Ad Agnès Bertola e alla Fondation Jérôme Seydoux-Pathé dobbiamo l'ostinata convinzione dell'importanza del salvare i film.
A Eric Le Roy e al CNC - Centre national du cinéma et de l'image animée, un particolare ringraziamento per la preziosa disponibilità.
A Elena Tammaccaro, Caterina Palpacelli, Alessia Navantieri e L'Immagine Ritrovata un grazie per il lavoro svolto e la pazienza con cui hanno seguito questo progetto.
Un grazie sincero a Martina Pizzamiglio, Marta Coretti e Chiara Canesin, per il fondamentale contributo economico, senza il quale non avremmo potuto procedere in quest'avventura.
Grazie a Mariann Lewinsky, Guy Borlée e a Il Cinema Ritrovato 2016.
Un ringraziamento sincero a Livio Jacob, direttore della Cineteca del Friuli, per la consulenza bibliografica.
Grazie a Sergio M. Germani per i consigli redazionali.
Grazie alle chiacchiere, ai consigli e alla presenza di Serge Bromberg, Andrea Meneghelli, Giovanni Lasi, Paolo Bernardini, Walter Arrighetti.
E infine un ringraziamento a tutti gli autori dei saggi del presente volume per la professionalità e l'amicizia.

LE FER À CHEVAL - UNA VISIONE / A VISION / UNE VISION

Il film è visionabile sul canale Vimeo dell'Associazione Culturale Hommelette.
Vous pouvez visionner le film sur la chaine Vimeo de Associazione Culturale Hommelette.
You can see the movie on Associazione Culturale Hommelette's Vimeo channel.

https://vimeo.com/hommelette

TAVOLE FOTOGRAFICHE

Le tavole presentano alcuni fotogrammi tratti dalla versione restaurata di *Le fer à cheval*. Il restauro del film è stato realizzato presso il laboratorio L'Immagine Ritrovata (Bologna) dall'Associazione Culturale Hommelette in collaborazione con la Fondation Jérôme Seydoux-Pathé (Parigi).

Tavola I
Scena 1

Tavola II
Scena 2

Tavola III
Scena 3

Tavola IV
Scena 4

Tavola V
Scena 4

Tavola VI
Scena 5

Tavola VII
Scena 6

Tavola VIII
Scena 6

Tavola IX
Scena 6

Tavola X
Scena 7

Tavola XI
Scena 8

Tavola XIII
Scena 9

Tavola XIV
Scena 9

Tavola XV
Scena 10

Tavola XVI
Scena 10

Tavola XVII
Scena 10

Tavola XVIII
Scena 11

Tavola XIX
Scena 11

Artdigiland è un'attività editoriale che offre – attraverso l'editoria e il broadcasting – interviste esclusive ad artisti internazionali. E saggi, monografie, biografie, raccolte di materiali.
Artdigiland è anche una community web di autori, curatori, videomaker. Visita, sul nostro sito, la sezione CONTENT LAB: http://www.artdigiland.com/content-lab/

Vi invitiamo a sottoscrivere la nostra newsletter per essere informati sulle nuove uscite, sui nostri eventi e sulle offerte riservate ai nostri lettori: http://www.artdigiland.com/newsl

intervista a Marc Scialom
a cura di Silvia Tarquini

intervista a Fabrizio Crisafulli
a cura di Enzo Cillo

intervista a Beppe Lanci
a cura di Monica Pollini

intervista a Ugo Gregoretti
a cura di Vincenzo Valentino

intervista a Eugene Green
a cura di Federico Francioni

intervista a Luca Bigazzi
a cura di Alberto Spadafora

Artdigiland ha pubblicato in italiano:

LA LUCE NECESSARIA
Conversazione con Luca Bigazzi
a cura di Alberto Spadafora
prefazione di Silvia Tarquini, 2012 - II ed. agg. 2014

Un libro intervista che "illumina" aspetti non noti delle migliori opere cinematografiche italiane degli ultimi trent'anni. La narrazione di Luca Bigazzi – direttore della fotografia e insieme operatore di macchina – raccoglie con coerenza caratteri tecnici, artistici ed etici del lavoro sul set. Bigazzi racconta la genesi del suo modo di lavorare libero da regole codificate, i motivi delle sue scelte professionali, la luce che ama, le ragioni della sua passione per lo stare in macchina. Come "controcampo", le testimonianze di 24 protagonisti del cinema italiano, tra registi, attori, produttori, fotografi di scena e collaboratori.

IL MIO ZAVATTINI
Incontri percorsi sopralluoghi
di Lorenzo Pellizzari, 2012

Il libro raccoglie quanto Pellizzari ha scritto e pensato su Zavattini da quando era ragazzo ad oggi, insieme ad una storica intervista, in cui Zavattini si concede forse come mai; documenta un lungo rapporto intellettuale e personale, fatto di infinite riflessioni, desideri, slanci, critiche, pentimenti, ripensamenti; e rivela l'ininterrotto impegno del critico a capire, da una parte, e a "stimolare", quasi, dall'altra, il suo personaggio. Un impegno appassionato e civile, e insieme sedotto dalla qualità giocosa della scrittura zavattiniana.

L'AVVENTURA DI UNO SPETTATORE
Italo Calvino e il cinema
a cura di Lorenzo Pellizzari, 2015
con saggi e autori vari

Nel trentennale della scomparsa dello scrittore, Artdigiland celebra Italo Calvino. Il libro ripercorre le poche ma fruttuose relazioni di Calvino con il cinema italiano ma soprattutto sviluppa il viaggio in un immaginario che dal cinema prende le mosse. Si parte da quanto Calvino racconta nella sua *Autobiografia di uno spettatore*, del '74, prefazione al volume *Fellini: quattro film*, si attraversano racconti, romanzi, saggi critici individuando l'imprinting cinematografico, e si arriva al "segno calviniano" di non poche opere del cinema e del disegno animato contemporanei. L'apparato iconografico rende omaggio alla fascinazione calviniana per il cinema classico, soprattutto americano.

LE OMBRE CANTANO E PARLANO
Il passaggio dal muto al sonoro nel cinema italiano
attraverso i periodici d'epoca (1927-1932)
di Stefania Carpiceci
prefazione di Adriano Aprà, vol. I, 2012

L'intento di questo libro è quello di indagare, in Italia, il passaggio dal cinema silenzioso delle origini ai nuovi fonofilm. A fare da mappa sono soprattutto le riviste e I periodici cinematografici nazionali d'epoca, analizzati a partire dal 1927 – anno della prima proiezione Americana del *Cantante di jazz*, pellicola che notoriamente decreta la nascita ufficiale e internazionale del cinema sonoro – fino al 1932, data di adozione del doppiaggio in Italia. Undici film sono poi scelti e analizzati come casi rappresentativi delle questioni messe in campo dal sonoro.

LE OMBRE CANTANO E PARLANO

Il passaggio dal muto al sonoro nel cinema italiano
attraverso i periodici d'epoca (1927-1932)
di Stefania Carpiceci, vol. II Apparati, 2013

Il volume II di *Le ombre cantano e parlano* propone una mappatura ragionata dei maggiori periodici cinematografici dell'epoca: «L'Argante», «Cine-Gazzettino», «Cinema Illustrazione», «Il Cinema Italiano», «Cinema-Teatro», «La Cinematografia», «Il Cine Mio», «L'Eco del Cinema», «Kines», «La Rivista Cinematografica», «Rivista Italiana di Cinetecnica» e «Lo Spettacolo Italiano». Ad essi si aggiungono due riviste teatrali, «Comoedia» e «Il Dramma», e un quotidiano, «Il Tevere», particolarmente attenti al cinema. Le testate sono scandagliate in relazione ai vari aspetti del passaggio dal muto al sonoro. Altro osservatorio privilegiato sono naturalmente i film, dei queli si riporta il repertorio.

RITA HAYWORTH

Cinema, danza, passione
di Claudio Valentinetti
prefazione di Lorenzo Pellizzari, 2014

Una sterminata filmografia, più di sessanta titoli, anche se pochi sono quelli folgoranti, "Sangue e arena", "La signora di Shanghai", "Gilda". Cinque mariti, tra cui il genio Orson Welles e l'"imam" Ali Khan, e molti grandi partner sul set. Un mito costruito dalla Mecca del Cinema di quegli anni per mano di sapienti produttori e di abili registi: Charles Vidor, Rouben Mamoulian, Howard Hawks, William Dieterle, Henry Hathaway, Raul Walsh e, ovviamente, Welles. Una vita durissima: un lungo lavoro per raggiungere il successo, prima come ballerina, negli spettacoli e nella scuola di flamenco della sua famiglia, I Dancing Cansinos, e poi come attrice. Senza mai ottenere quello che piu' desiderava: la felicità familiare.

VERITA DETTA
Testimonianze sul Pasolini politico
a cura di Enzo De Camillis

Il quarantennale della morte di Pasolini cade in una fase del nostro Paese che in molti definiscono di "catastrophe culturale" (e politica, economica, umanitaria). Ponendosi in relazione con l'oggi, il libro propone una serie di testimonianze inedite sul Pasolini "politico", intellettuale spesso in contrasto con la sinistra ufficiale della sua epoca.

Si avvisano i lettori che il libro è esaurito.

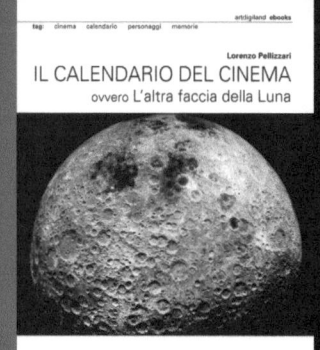

IL CALENDARIO DEL CINEMA
Ovvero L'altra faccia della Luna
365 giorni tra persone, film, momenti di riguardo (e senza riguardo)
di Lorenzo Pellizzari

Un calendario che si rispetti dedica ognuno dei suoi 365 giorni a un cosiddetto santo o a un memorabile momento della liturgia. Poteva sfuggire alla regola un calendario dedicato all'empireo del cinema, all'Olimpo dei suoi divi e delle sue divine, agli eventi della sua ormai lunga storia? Non poteva. Persone, film, momenti, ripescati dalla memoria di un vecchio critico, con il dovuto riguardo per quanti se lo meritano e senza alcun riguardo per altri. Anche un modo per rievocare incontri personali, amici scomparsi, visioni effimere.

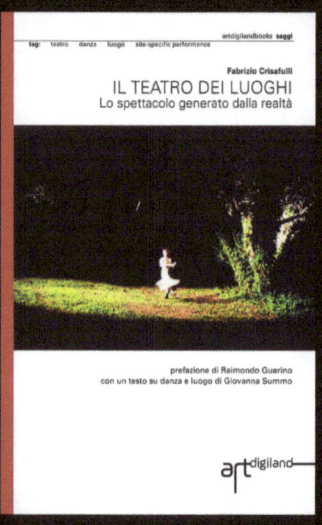

IL TEATRO DEI LUOGHI
Lo spettacolo generato dalla realtà
di Fabrizio Crisafulli
con un testo su danza e luogo di Giovanna Summo,
prefazione Raimondo Guarino, 2015

Fabrizio Crisafulli analizza caratteri e modalità di quell particolare tipo di ricerca che ha chiamato "teatro dei luoghi", a oltre vent'anni dalla sua prima formulazione. Un tipo di lavoro nel quale il "luogo" e l'insieme delle relazioni che lo costituiscono vengono assunti come matrice e "testo" della creazione teatrale. Le motivazioni alla base di questa ricerca, il suo riportare l'attenzione sui luoghi, la realtà locale, la prossimità, si sono riaffermate nel corso degli anni per l'accrescersi delle questioni legate allo sviluppo mediatico, alla perdita di contatto della vita quotidiana con i luoghi, e per le criticità che le forme di comunicazione a distanza e i social network creano, accanto a nuove opportunità, sul piano delle relazioni umane e dei modi di sentire lo spazio. Il volume fa definitivamente luce sul fatto che il "teatro dei luoghi", nell'uso commune a volte inteso (e frainteso) semplicemente come teatro che si svolge fuori dagli edifici teatrali, non è definito dallo spazio dove si fa lo spettacolo, ma dall'idea stessa di "luogo" e dal modo specifico in cui il lavoro si relaziona al sito. In qualsiasi posto si svolga. Chiarendo, attraverso riflessioni ed esempi, ragioni e operatività di quello che è un modo radicalmente nuovo di fare e concepire il teatro.

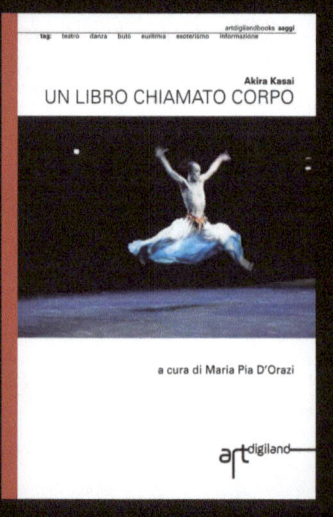

UN LIBRO CHIAMATO CORPO
di Akira Kasai
a cura di Maria Pia D'Orazi, 2016

Le discipline esoteriche insegnano che il corpo non è mai un ostacolo per la piena realizzazione dell'individuo. Al contrario, è il mezzo necessario per la sua elevazione spirituale, perché lo spirito si forma per gradi dopo aver accolto ed elaborato le esperienze del mondo fisico. Ed è attraverso la focalizzazione della percezione sulle sensazioni fisiche che l'essere umano può acquisire consapevolezza della sua identità più profonda: allora, quando mette a tacere l'intelletto e dirige la coscienza sulle sensazioni, riesce a percepire il corpo interiore come un flusso di energia che scorre nell'organismo, sperimentando il contatto con la sua identità di essenza a partire dalla sua identità di forma. Attraverso il contatto con l'Essenza è possibile distinguere i pensieri autenticamente individuali generati dal proprio sé, da quelli provenienti da istinti fisici o abitudini sociali; mentre si entra in un territorio senza limiti dove "io è un altro" e scompare ogni differenza fra individui, generazioni, civiltà o religioni che possa generare una cultura della sopraffazione e della violenza. Allora, la ricerca espressiva diventa qualcosa di più e qualcosa d'altro: è sistema pedagogico e visione dell'uomo nuovo, un modo di trasformare se stessi per trasformare il mondo.

ADRIANA BERSELLI. L'AVVENTURA DEL COSTUME

Cinema, teatro, televisione, moda, design
a cura di Vittoria Caterina Caratozzolo e Silvia Tarquini

Ripercorrendo l'arco dell'intera vita professionale della costumista Adriana Berselli il libro traccia contestualmente la fisionomia di un mestiere complesso. Dal corso di costume presso il Centro Sperimentale di Cinematografia, frequentato nel biennio 1949-51, la storia di Berselli si misura con l'evoluzione delle arti rappresentative e performative, dal secondo dopoguerra ai primi anni di questo secolo, in Italia e all'estero. Che si sia trattato di lavorare per il cinema o il teatro, la televisione o la pubblicità, l'arte di Adriana Berselli è testimonianza di una capacità creativa e interpretativa coordinata e funzionale alla pluralità delle espressioni artistiche coinvolte in ogni singola rappresentazione, dalla regia, alla sceneggiatura, dalla scenografia alla fotografia.

Artdigiland ha pubblicato in italiano e francese:

MARC SCIALOM. IMPASSE DU CINEMA

Esilio, memoria, utopia / Exil, mémoire, utopie
a cura di / sous la direction de Mila Lazić, Silvia Tarquini
prefazione di / préface de Marco Bertozzi, 2012

Marc Scialom, ebreo di origini italiane, toscane, poi naturalizzato francese, nasce a Tunisi nel 1934. Dopo le persecuzioni naziste nel '43 in Tunisia, le ripercussioni sugli Italiani, meccanicamente associati al fascismo nel period dell'"epurazione", e la strage di Biserta (1961) – che Scialom denuncia nel corto *La parole perdue* (1969) –, si trasferisce in Francia. La sua vita si intreccia, "mancandola", con la storia del cinema: a Parigi il lungometraggio *Lettre à la prison* (1969-70), realizzato senza un produttore e quasi "clandestinamente", non è sostenuto dai suoi amici cineasti, tra cui Chris Marker. Deluso, Scialom chiude il film in un cassetto. Torna alle sue origini, allo studio della lingua e della letteratura italiane. Traduce la *Divina Commedia* (Le Livre de Poche, 1996). Dopo il ritrovamento di *Lettre à la prison*, il restauro e la presentazione nel 2008 al Festival International du Documentaire di Marsiglia, Scialom torna al lavoro cinematografico con *Nuit sur la mer* (2012).

Artdigiland a publié en français:

LETTRE A LA PRISON DE MARC SCIALOM

Le film manquant
sous la direction de Mila Lazić, Silvia Tarquini, 2014

Le livre présente, en français seulement, la partie consacrée à *Lettre à la prison* dans l'ouvrage bilingue - italien et français - *Marc Scialom. Impasse du cinéma. Esilio, memoria, utopie / Exil, mémoire, utopie*, sous la direction de Mila Lazić et Silvia Tarquini (2012). Le livre source est consacré à l'oeuvre de Scialom - cinématographique et littéraire - dans son ensemble, et approfondit sa relation avec la *Divine Comédie* de Dante Alighieri. Ce volume restitue à l'histoire du cinéma la mémoire historique et cinématographique cristallisée dans l'aventure, au sens antonionien, de , tourné avec une camera prêtée par Chris Marker, puis englouti dans un abîme bien
précis, personnel et historique. La préface de Marco Bertozzi cite Alberto Grifi, Chris Marker et Jean Rouch, filmmakers "dépaysés", constamment à la recherche, à travers le cinéma, d'un contact avec la réalité.

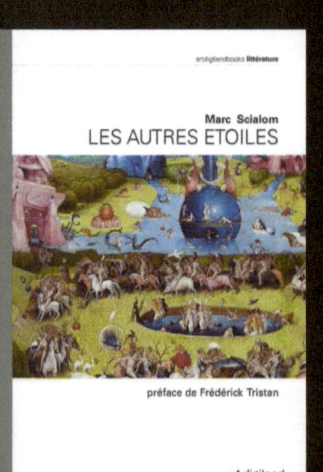

LES AUTRES ETOILES
de Marc Scialom
roman, préface de Frédérick Tristan, 2015

Voici donc ce que je souhaitais réussir : le lecteur serait plus ou moins perdu tout au long de mon livre, perdu mais accroché, avec le sentiment croissant de frôler une chose intense, de l'entrevoir dans un brouillard, de supposer cette chose peut-être à tort, un peu comme un rêveur sur le point de s'éveiller voit parfois poindre à travers les volutes et sous les masques de son rêve une vérité douteuse, douteuse mais imminente, cela jusqu'aux dernières pages – puis tout à coup il comprendrait : rétrospectivement sa lecture indécise lui deviendrait claire parce qu'il découvrirait, lovée au coeur de la spirale et hors littérature, la scène première dont le livre est sorti.

LUMIERE ACTIVE
Poétiques de la lumière dans le théâtre contemporain
par Fabrizio Crisafulli
préface de Anne Surgers
traduit de l'italien par Marc Scialom

Cet ouvrage revisite, du point de vue des poétiques de la lumière, quelques épisodes importants de la mise en scène théâtrale au XXe siècle, depuis les grands réformateurs des premières décennies jusqu'à divers artistes contemporains tels que Josef Svoboda, Alwin Nikolais, Robert Wilson. Non pour proposer une histoire plus ou moins organique de la lumière au théâtre, mais pour tenter de préciser, relativement à son utilisation, certaines questions fondamentales. S'affranchissant des contextes étroits de la technique et de l'image dans lesquels on tend souvent à les enfermer, les problématiques de la lumière sont examinées ici sous d'autres angles, ceux de la structure spatio-temporelle du spectacle, de la construction dramatique, de la creation poétique, de l'action, du rapport avec le performer. Une partie de l'ouvrage est consacrée au travail théâtral de l'auteur. Elle documente le point de vue particulier sur lequel sa réflexion se fonde, point de vue suscité et enrichi par son expérience personnelle de metteur en scène.

Artdigiland published in English/Italian:

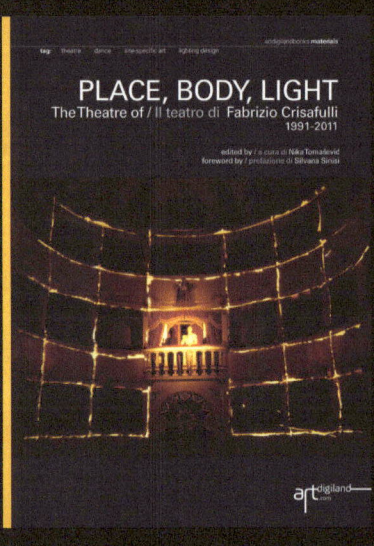

PLACE, BODY, LIGHT

The Theatre of / Il teatro di Fabrizio Crisafulli. Twenty Years of Research / Venti anni di ricerca 1991-2011 edited by / a cura di Nika Tomaševi, foreword by / prefazione di Silvana Sinisi, 2013

Fabrizio Crisafulli's theatre research centres on Place, Body and Light, and challenges performance practices at their very foundations, in an attempt to reclaim the original potency of theatre and its relevance and effectiveness in contemporary times. This is where dance meets architecture, drama meets territory, and the performance of the body meets poetic light. Crisafulli's works - poetic and visionary, hypnotic and deeply emotional, full of life and irony - are revealed through interviews, personal accounts, critiques, information and photos related to performances and installations created between 1991 and 2011.

Artdigiland published in English:

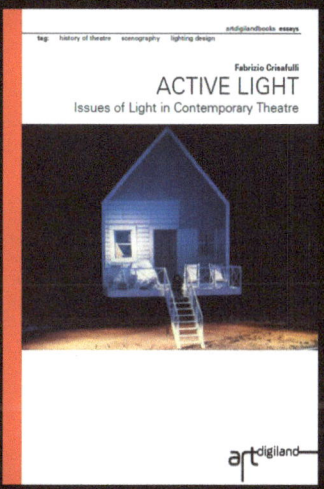

ACTIVE LIGHT
Issues of Light in Contemporary Theatre
by Fabrizio Crisafulli
foreword by Dorita Hannah, 2013

This book looks at various important events relating to the poetics of light in theatre production in the West in the twentieth century, from the great reformists at the beginning of the century to contemporary artists such as Josef Svoboda, Alwin Nikolais and Robert Wilson. The intention isn't to outline a somewhat organised history of stage lighting, instead it is an attempt to identify some basic issues concerning its use. Lighting issues are unshackled from the limited contexts of technique and image, where they often end up only to be relegated, and examined in the context of the performance's space/time structure, poetic and dramatic construction, and the relationship with the performer. A section dedicated to the theatrical work of the author outlines the distinctive point of view behind the book.

THE GREAT BEAUTY
Told by Director of Photography Luca Bigazzi
Alberto Spadafora (ed. by), 2014

Luca Bigazzi is one of Italy's most acclaimed award-winning directors of photography (DOP). His life has been dedicated entirely to the best of independent Italian cinema (not counting his work with Abbas Kiarostami). He has worked with directors such as Mario Martone,
Gianni Amelio, Ciprì e Maresco, Silvio Soldini, Carlo Mazzacurati, Antonio Capuano, Leonardo Di Costanzo and Andrea Segre, and has been working with Paolo Sorrentino since *The Consequences of Love* in 2004. In this interview, edited by the photographer and film critic Alberto Spadafora, the Italian cinematographer talks about *The Great Beauty*, prizewinner of the Academy Award for Best Foreign Language Film of 2014.

www.ingramcontent.com/pod-product-compliance
Lightning Source LLC
Chambersburg PA
CBHW041523220426
43669CB00003B/35